métro

Vert

Teacher's Guide

Rachel Aucott

Heinemann

Heinemann Educational Publishers,
Halley Court, Jordan Hill, Oxford OX2 8EJ.
Part of Harcourt Education Ltd.

Heinemann is the registered trademark of Harcourt Education Ltd.

© Rachel Aucott 2001

First published 2001

06 05
10 9 8 7 6

A catalogue record is available for this book from the British Library on request.

10-digit ISBN: 0 435380 13 3
13-digit ISBN: 978 0 435380 13 7

Produced by Ken Vail Graphic Design, Cambridge.

Original illustrations © Heinemann Educational Publishers 2001

Cover photograph by Telegraph

Printed in the U.K. by Athenaeum Press Ltd.

Tel: 01865 888058 www.heinemann.co.uk

Contents

Introduction 4
    Covering the Programmes of Study 8
    Métro 3 for Scotland 10
    Métro 3 for Northern Ireland 11

Module 1: L'Hexagone 12

Module 2: J'arrive 35

Module 3: Programme de la visite 56

Module 4: La forme! 77

Module 5: La mode! 99

Module 6: En plein dans l'actu 116

Introduction

Métro is a lively and easy-to-use 11–16 French course for pupils of a wide range of ability. It is a topic-based course which is underpinned by a clear grammatical progression. The materials are fully differentiated with parallel pupil books from stage 2.

Métro 3 Vert: The components

- Pupil's Book
- Cassettes
- Workbook
- Resource & Assessment File
- Teacher's Guide

Pupil's Book

The Pupil's Book consists of six theme-based modules which are subdivided into five double-page units. This is followed by a checklist of key functions and structures (*Bilan*) and revision activities that can be used as a practice test (*Contrôle révision*). A grammar reference and practice section follows (*Grammaire*). The *En Plus* unit is a consolidation unit and can be left out if you are short of time or if it is not suitable for your pupils. It contains activities in all four skill areas and is to be used with whole classes in the same way as the other units. The activities tend to be slightly more difficult than in the core units, with longer reading and listening passages, which bring together the language of the module. No new core language is introduced. Finally, there are two pages of module wordlists (*Mots*) organised by topic to help with vocabulary learning and revision.

Halfway through each module there is a *Mini-test* for quick self-assessment on material covered up to that point.

At the back of the Pupil's Book there are three sections of further practice and reference. The *À toi!* section contains self-access differentiated reading and writing activities. *À toi! A* is for lower ability and *À toi! B* for higher ability pupils. There is also a grammar reference section where all the grammar points introduced in the core units are explained fully. Finally, there is a comprehensive French-English word list, a shorter English-French word list and a list of instructions covered in the Pupil's Book.

Cassettes and CDs

The audio material for *Métro 3 Vert* is available on cassette and CD. There are three cassettes and three CDs (containing the same material). The cassettes and CDs contain listening material for both presentation and practice. The material includes dialogues, interviews and songs recorded by native speakers. The listening material for each *Contrôle* is at the end of the relevant module.

Workbook

The workbook provides self-access reading and writing tasks which are designed to be fun. The workbook is ideal for homework or cover-work. There is a page of activities for each double-page unit of the Pupil's Book. There are two pages of revision (*Révision*) two pages of grammar (*Grammaire*) and a self-assessment page (*Que sais-je?*) at the end of each module. Each workbook also has an end-of-year certificate (*Diplôme*) at the end of the book for pupils to fill in.

Resource and Assessment File

The Resource and Assessment File is organised into modules for ease of use and contains the following photocopiable resources:

Worksheets (*Feuilles de travail*) including:

1 Visuals or picture sheets consisting of pictures with the matching French words/phrases.

2 Speaking sheets for extra practice (e.g. information-gap tasks).

3 Grammar worksheets (*Grammaire*) for more practice of grammar points introduced in the Pupil's Book. The Teacher's Guide gives guidance on where these sheets fit into the scheme of work. They can clearly be used at any later point in the scheme (see p.7 for a complete list of grammar worksheets).

4 Module word lists (*Vocabulaire*): photocopiable versions of the word lists from the Pupil's Book.

And for assessment:

Bilan: checklist for self/peer assessment

Contrôle: end-of-chapter (and end-of-year) tests for formal assessment together with the teaching notes and the answers for the tests.

Teacher's Guide

The Teacher's Guide contains:
- overview grids for each chapter
- clear teaching notes and full tape transcript
- mapping of activities to the National Curriculum and Standard Grade
- guidance on using the materials with pupils of varying abilities
- suggestions for additional differentiated practice
- help with using French in the classroom

Differentiation in *Métro 3 Vert*

After initial teacher-led presentation work with the whole class, pupils move on to a range of individual, pair and group activities which allow them to work at different levels. There is a lot of scope in the core material for differentiation by pace and outcome. Suggestions are provided in the Teacher's Guide. The activities in the Pupil's Book are supplemented by those in the *À toi!* section at the back of the book. For each module there is a double page of activities: the A page activities are at reinforcement level and the B page activities are at extension level. For ease of use these activities are clearly flagged in the Teacher's Guide.

Grammar

For those pupils who are ready to focus on the underlying structure of the language, the grammar boxes in the teaching units are backed up by full explanations and practice in the grammar section at the back of the Pupil's Book, as well as in the grammar worksheets. These activities can be done at any appropriate point.

A summary of the key structures of each whole chapter is given in the *Bilan* after unit 5. Key grammar points are highlighted in *Le détective* boxes on the page and there is a reference and practice section at the back of the Pupil's Book. In addition there are worksheets which specifically focus on grammar in the Resource and Assessment File.

Progression

There is a clear progression within each module of the Pupil's Book and language is systematically revised and extended through the book. Clear objectives are given in the Teacher's Guide at the beginning of each unit to help teachers plan the programme of work which is appropriate for different ability groups.

Assessment

Revision and self-assessment.

Métro encourages learners to revise and check their own progress regularly. Mid-way through each chapter is a *Mini-test* in the form of a checklist focusing on recently covered work. Pupils can work in pairs, revising for the test and then testing each other. After unit 5 there is a *Bilan* – a checklist of key language covered. There is a photocopiable version of the *Bilan* in the Resource and Assessment File with boxes for pupils and partner/teacher to initial. There is also a version of the *Bilan* in the workbook in the form of a page of open-ended writing (*Que sais-je?*).

Teacher assessment

The assessment scheme consists of ongoing assessment as well as more formal periodic assessment. The scheme in *Métro 3 Vert* focuses on Levels 1 to 4 in the four National Curriculum Attainment Targets.

All activities have been matched against National Curriculum levels and Standard Grade to assist teachers in carrying out continuous assessment. It must be stressed that performance in an individual activity can only contribute towards evidence that a pupil is achieving that level. Pupils must successfully carry out a range of activities at a particular level in order for the level to be awarded.

The end-of-module (and end-of-year) tests or *Contrôles* in the Resource and Assessment File provide a more formal means of assessment. The *Contrôles* *révision* in the Pupil's Book provide activities that will help pupils to prepare for the tests. The tests cover all four skills and are differentiated. Again, the tasks are matched against level descriptions.

The teaching sequence

Presentation

New language can be presented using the cassettes or CDs, ensuring that pupils have authentic pronunciation models. However, the range of resources in the scheme enables the teacher to vary the way new language is presented.

Visuals or picture sheets: The Resource and Assessment File contains picture sheets for each chapter. These can be photocopied and cut up for games or copied onto an overhead transparency and used for presentation work.

Practice

Pupils move on to a variety of activities in which they practise the new language, usually in pairs or groups. Many of the practice activities are open-ended, allowing pupils to work at their own pace and level. Ideas for additional practice are presented in the teaching notes for each unit.

Reinforcement and extension

The units often end with a more extended activity of an open-ended nature. Pupils of all abilities can work on the same basic task and the teacher has an opportunity to work with individuals or small groups.

To cope with the range of ability in a class, additional reinforcement and extension activities are provided in the Pupil's Book (*À toi*) as described on page 4.

Using the target language in the classroom

Instructions in the Pupil's Book are in French. They have been kept as simple and as uniform as possible.

ICT references

Websites

These are just a few of the resources available on the internet.

BECTA, Milburn Hill Road, Science Park, Coventry CV4 7JJ
- Tel: +44 (0) 24 7641 6994
- Fax: +44 (0) 24 7641 1418
- e-mail: becta@becta.org.uk
  WWW: http://www.becta.org.uk

Lingu@NET – a virtual language centre (maintained by Becta and CILT), includes an extensive list of links for French sites:
http://www.linguanet.org.uk/

MFLIT website with details of the Modern Foreign Languages and Information Technology Support Project:
http://vtc.ngfl.gov.uk/resource/cits/mfl

Leicestershire Comenius Centre Website:
http://www.leics-comenius.org.uk

Premiers pas sur internet – a general magazine site for children:
http://www.momes.net

Edunet – resources for primary and secondary teachers (Switzerland):
http://www.edunet.ch

Software

A demi mot (Wida software)
Gap filling authoring software

A juste titre (Wida software)
Text matching authoring software

CD atlas de France (Chadwyck-Healey)
MS-DOS CD-ROM Authentic French database with extensive statistical data

Loto (Nebula Software)
A game which teaches French numbers

Mot pour mot (Wida software)
Text reconstruction authoring software

Teachers P.E.T. French (Progressive Educational Tools)
Gender and vocabulary games for beginners to GCSE and provision for wide ability

Voyage (Wida software)
Adventure game to practise prepositions and articles with countries and nationalities

Games

Card games
(can be used with the *Feuilles de travail*)

1 Matching pictures and labels.

2 Matching pictures and labels. Set a time limit and see which pair finishes first.

3 Pelmanism/pairs: A series of pairs of cards are laid face down in random order. Pupils match the pictures with the labels. The winner is the person who manages to make the most pairs.

4 Guessing: Each pupil has four or more cards positioned so they can see the cards but their partner can't. Pupils take it in turns to guess their partner's cards using the structures and vocabulary from the unit. The first one to guess all correctly is the winner.

Vocabulary games
1 Pupils make their own cards to play Pelmanism (drawing pictures and writing their own labels from the unit).

2 Spelling bees: do these at the end of each unit.

3 *Jacques a dit* (Simon says): This game doesn't just have to be used to practise parts of the body. It can be adapted to practise classroom commands for example.

4 Noughts and crosses (in a pair or whole class team-game played on the board). Almost all vocabulary and structures linked to a unit can be practised playing this game.
Practising vocabulary: as in the Pupil's Book. The vocabulary being introduced is numbered. You/pupils write these numbers on a grid. Pupils guess what the word is for each number to get a nought or a cross (with or without looking in the Pupil's Book depending how difficult you want to make it)

5 Wordsearches: These are used in the workbook, however as an extension activity you could ask pupils to make up their own wordsearches.

6 I went to market and I bought …: Each pupil repeats the previous word and adds their own. This can be adapted for different topics. For example: *Je suis allé(e) au café et j'ai acheté…* etc.

7 Cracking codes. In the workbook we have some codes for pupils to crack in order to write out recently met vocabulary. Why not get pupils to write their own code for partners to crack? Use the symbol function on a computer to make up a code.

8 Telephones: Write a variety of pretend telephone numbers on pieces of paper (keep a list of these numbers). Hand out to pupils. The first pupil reads out a number and carries out a conversation with the person whose number it is, e.g. *Bonjour. Comment tu t'appelles?* etc. Keep the pace fast. To make it more difficult pupils could ask how the name is spelt and write it down.

Number games
Once pupils have learnt numbers 1–20 there are lots of number games for them to practise.

1 Mexican wave. Pupils stand up as they say their number and then sit down.

2 Lotto/bingo:
   a quick lotto (use to start or round off a lesson): Ask pupils to choose seven numbers from, for example, 1–20. Pupils tick off their numbers as they are called out. First one to tick all numbers shouts out 'lotto'.
   b bingo: Same as lotto, except pupils draw a grid of, for example, 12 boxes and write the numbers in the boxes.

3 Buzz: Pupils all stand up and count from, for example, 1–20, and leave out multiples of, for example, five. Instead of saying this they must say 'buzz' or 'zut'. If they forget and say the multiple of five they are out and must sit down.

4 Counting with a soft toy: count round the class throwing a soft toy.

5 Rub out the number on the board: Divide the board in half. Write the same numbers but in a different place on the board. One member from each team stands in front of the board with chalk or a boardmarker and tries to be the first to cross out the number called out. Keep a tally showing which team has scored the most points.

Symbols used in the teaching notes

+ extension material/suggestion for extending an activity for the more able

R reinforcement material/suggestion for simplifying an activity for the less able

L notes about learning methodology

■ Game

Useful addresses

Association for Language Learning:
150 Railway Terrace, Rugby CV21 3HN, 01788 544149
e-mail: langlearn@ALL-languages.org.uk
http://www.ALL-languages.org.uk

Centre for Information on Language Teaching and Research (CILT):
20 Bedfordbury, Covent Garden, London, WC2N 4LB,
020 7379 5101 or 020 7379 5110
e-mail: library@cilt.org.uk
http://www.cilt.org.uk/

Central Bureau for Educational Visits and Exchanges (CBEVE):
10 Spring Gardens, London SW1A 2BN
020 7389 4004
http://www.centralbureau.org.uk

The International Pen Friend Service,
10015 Ivrea, Italy

European Bookshop, 5 Warwick St, London W1R 5RA
020 7734 5259

Institut français
17 Queensberry Place, London SW7 2DT
020 7838 2144

Grammar

List of grammar worksheets (*Grammaire*) in the *Resource and Assessment File*

Resource and Assessment File	Grammar	Teacher's Guide
Module 1		
Grammaire 1 p.9	Nouns and gender	p.16
Grammaire 2 p.10	*On peut*: saying what you can do	p.22
Grammaire 3 p.11	The perfect tense with *avoir*	p.26
Grammaire 4 p.12	The perfect tense with *être*	p.26
Grammaire 5 p.13	The perfect tense with *avoir* and *être*	p.27
Module 2		
Grammaire 1 p.30	How to say 'my', 'your', 'his' and 'her', 'our' and 'their'	p.39
Grammaire 2 p.31	*Nous*: We	p.41
Grammaire 3 p.32	Expressions with *avoir* (1)	p.44
Module 3		
Grammaire 1 p.50	The near future: *Le futur proche* (1)	p.59
Grammaire 2 p.51	Saying where you are going: *au, à la, à l', aux*	p.61

Resource and Assessment File	Grammar	Teacher's Guide
Grammaire 3 p.52	Giving directions	p.64
Grammaire 4 p.53	Prepositions	p.68
Grammaire 5 p.54	The near future: *Le futur proche* (2)	p.61
Module 4		
Grammaire 1 p.69	*Faire*: to do	p.81
Grammaire 2 p.70	The imperative: telling someone what to do	p.88
Module 5		
Grammaire 1 p.86	Adjectives (1): describing colours	p.101
Grammaire 2 p.87	The present tense	p.105
Grammaire 3 p.88	Expressions with *avoir* (2)	p.107
Grammaire 4 p.89	Adjectives (2): saying what someone is like	p.109
Module 6		
Grammaire 1 p.104	Using question words	p.122
Grammaire 2 p.105	Asking questions using *vous*	p.124

Covering the Programmes of Study

The table below indicates where in *Métro 3 Vert* pupils have the opportunity to develop the skills, knowledge and understanding prescribed in the National Curriculum Programmes of Study. For each area we have indicated where these appear in the core units of the Pupil's Book. There are further opportunities both in the Pupil's Book and the supplementary components. More detail is provided in the grids at the beginning of each Module in this Teacher's Guide.

Some skills are more appropriate or are practised more easily at later stages of language learning. Where this is the case we have indicated at what stage of *Métro* pupils will encounter these. Some opportunities, especially in sections 4 and 5, are beyond the scope of a coursebook. We have used the symbol *** to denote these.

1 Acquiring knowledge and understanding of the target language – pupils should be taught:	
a the principles and interrelationship of sounds and writing in the target language	Mod. 2 Unit 4, Mod. 3 Unit 5, Mod. 6 Unit 2
b the grammar of the target language and how to apply it	Mod. 2 Unit 2, Mod. 3 Unit 1, Mod. 5 Unit 1
c how to express themselves using a range of vocabulary and structures	Mod. 3 *En Plus*, Mod. 4 Unit 5, Mod. 5 *En Plus*
2 Developing language skills – pupils should be taught:	
a how to listen carefully for gist and detail	Mod. 3 Unit 3, Mod. 4 Unit 2, Mod. 5 Unit 3
b correct pronunciation and intonation	Mod. 2 Units 4 and 5, Mod. 4 Unit 1
c how to ask and answer questions	Mod. 1 Units 3 and 5, Mod. 6 Unit 3
d how to initiate and develop conversations	Mod. 4 Unit 5, Mod. 6 Unit 2
e how to vary the target language to suit context, audience and purpose	Mod. 3 Unit 3, Mod. 3 Unit 4, Mod. 4 Unit 4
f how to adapt language they already know for different contexts	Mod. 3 Unit 2, Mod. 4 Unit 5, Mod. 5 Unit 4
g strategies for dealing with the unpredictable	Mod. 2 Unit 5, Mod. 3 Unit 1, Mod. 5 Unit 2
h techniques for skimming and for scanning written texts for information, including those from ICT-based sources	Mod. 1 Unit 5, Mod. 4 Unit 1, Mod. 5 Unit 4
i how to summarise and report the main points of spoken or written texts, using notes where appropriate	Mod. 1 Unit 4, Mod. 3 Unit 1, Mod. 4 *En Plus*
j how to redraft their writing to improve its accuracy and presentation, including the use of ICT	***
3 Develop language-learning skills – pupils should be taught:	
a techniques for memorising words, phrases and short extracts	*Bilan* pages and Mod. 6 *En Plus*
b how to use context and other clues to interpret meaning	Mod. 3 Unit 2, Mod. 5 Unit 5, Mod. 6 Unit 1
c to use their knowledge of English or another language when learning the target language	Mod. 1 Unit 4, Mod. 2 Unit 1, Mod. 4 Unit 3
d how to use dictionaries and other reference materials appropriately and effectively	Mod. 6 Unit 1, Mod. 6 Unit 5
e how to develop their independence in learning and using the target language	*À toi!* Sections of all modules
4 Developing cultural awareness – pupils should be taught about different cultures and cultures by:	
a working with authentic materials in the target language, including some from ICT-based sources	Mod. 3 Unit 2, Mod. 6 Unit 1, Mod. 6 *En Plus*
b communicating with native speakers	***

c considering their own culture and comparing it with the cultures of the countries and communities where the target language is spoken	Mod. 1 *En Plus*, Mod. 2 *En Plus*, Mod. 5 Unit 4
d considering the experiences and perspectives of people in these countries and communities	Mod. 1 *En Plus*, Mod. 2 *En Plus*, Mod. 6 *En Plus*
5 During key stages 3 and 4, pupils should be taught the knowledge, skills and understanding through:	
a communicating in the target language in pairs and groups, and with their teacher	Mod. 1 Unit 1, Mod. 2 Unit 1, Mod. 3 Unit 5
b using everyday classroom events as an opportunity for spontaneous speech	Mod. 2 Unit 3, Mod. 4 Unit 2, Mod. 6 Unit 4
c expressing and discussing personal feelings and opinions	Mod. 1 Unit 4, Mod. 5 Unit 5, Mod. 6 Unit 4
d producing and responding to different types of spoken and written language, including texts produced using ICT	Mod. 1 Unit 1, Mod. 2 *En Plus*, Mod. 6 Unit 3
e using a range of resources, including ICT, for accessing and communicating information	Mod. 2 *En Plus*, Mod. 6 *En Plus*
f using the target language creatively and imaginatively	Mod. 1 *En Plus*, Mod. 2 *En Plus*, Mod. 4 Unit 4
g listening, reading or viewing for personal interest and enjoyment, as well as for information	Mod. 3 *En Plus*, Mod. 5 *En Plus*
h using the target language for real purposes	Mod. 2 Unit 3, Mod. 4 Unit 2, Mod. 4 *En Plus*
i working in a variety of contexts, including everyday activities, personal and social life, the world around us, the world of work and the international world	*Métro 3 Vert* includes material from the context of everyday activities, personal and social life and the world around us.

Métro 3 for Scotland

All the activities in *Métro 3 Vert* Pupil's Book are matched to the Standard Grade. The information on which levels are assessed in each activity is contained in the Teacher's Guide.

The following table shows where the Strands can be assessed in *Métro 3 Vert*. It does not show every single assessment opportunity, but is designed to illustrate the range of such opportunities in *Métro 3 Vert*. There are additional opportunities throughout the book which are clearly marked in this Teacher's Guide.

More formal assessment is available in the Standard Grade Activities for French pack that has been written **in the style of the Scottish assessment procedures with rubrics in English.**

Topic areas	Module and Unit
Self	Module 4, Unit 1, Module 5, Unit 3
Home	Module 1, Unit 3, Module 2, Units 1–2 and 4–5
Family/Daily routine	Module 2, Units 4–5
School	Module 3, Unit 4
Work	Module 5, Unit 3
Leisure	Module 3, Units 1–2, Module 4, Units 1–2
Holidays and travel	Module 3, Units 1–2 and 4
Environment, places and facilities	Module 1, Units 1–3
Food and drink	Module 4, Unit 3
Goods and services	***
Accidents and emergencies	Module 6, Unit 1
Events (past, present, future) concerns and ideas of adolescent and general interest	Module 4, Unit 5, Module 5, Units 1–5
Clothes and fashion	Module 5, Units 1–2
People	Module 2, Unit 1 and 5, Module 5, Unit 4
Personal belongings/Pets/Money	Module 5, Units 1–3
Places	Module 1, Units 1–3, Module 3, Units 1–2 and 4
Immediate plans	Module 3, Units 1–2
Times/Dates	Module 3, Units 1 and 4
Weather	Module 6, Unit 5
Morale (happy, bored etc.)	Module 5, Unit 4
Physical state (hungry, ill etc.)	Module 2, Unit 3

Métro 3 Vert for Northern Ireland

The table below provides an overview of coverage of the Contexts for Learning 1, 2 & 3 for *Métro 3 Vert*.

Contexts for Learning and Associated Topics

1: Everyday Activities	*Métro 3 Vert*
a Home & school life	Module 2, Units 1, 2, 4, 5
b Food & drink	Module 4, Unit 3
c Shopping	Module 3, Unit 5; Module 5, Unit 2
d Eating out	

2: Personal Life & Social Relationships	*Métro 3 Vert*
a Self, family & friends	
b Health	Module 2, Unit 3; Module 4, Units 1, 2 & 3
c Holidays & leisure	Module 1, Units 4 & 5; Module 3, Units 1, 2 & 4
d Celebrations & special occasions	

3: The World Around Us	*Métro 3 Vert*
a House & Home	Module 2, Unit 2
b Town & countryside	Module 3, Units 2 & 4
c Getting around	Module 3, Unit 3
d Weather	Module 6, Unit 5

Module 1: L'Hexagone

(Pupil's Book pages 6–25)

Unit	Main topics and objectives	PoS	Grammar and key language
1 À la découverte de la France (pp. 6–7)	Naming three areas of France Naming three of its rivers Naming three of its mountain areas Naming three of its neighbouring countries Naming five of its tourist attractions Naming three of its towns	5a communicate in pairs 5d respond to spoken/written language	la Bretagne, la Normandie, la côte d'Azur la Loire, la Seine, la Dordogne le Massif central, les Pyrénées, les Alpes l'Italie, la Suisse, l'Espagne, l'Allemagne, la Belgique la tour Eiffel, le parc Disneyland, le Futuroscope Paris, Bordeaux, Poitiers il, elle le, la un, une
2 La France des villes (pp. 8–9)	Talking about different types of towns Talking about where I live Saying how long I have lived there or whether I was born there	1a interrelationship of sounds and writing 1b apply grammar	C'est une ville industrielle, une ville touristique, une ville commerciale, un port de commerce, un port de pêche J'habite à (Newtown) C'est une grande/petite ville C'est un village Dans le nord/sud/ouest/est/centre de l'Angleterre/de l'Écosse/de l'Irlande/du pays de Galles J'y habite … depuis deux ans/toujours Je suis né(e) ici
3 J'habite à Bergerac (pp. 10–11)	Naming three places that you can visit Naming three places that you can go to Naming three things that you can do	2c ask and answer questions 2d initiate/develop conversations	Il y a le fleuve, le château, les musées On peut aller en ville/à la piscine/au cinéma/au musée On peut faire du canoë, jouer au tennis, faire du vélo, nager, jouer au volley, se baigner, se reposer, s'amuser On peut + infinitive Reflexives: se baigner, se reposer, s'amuser
4 Aqua Park (pp. 12–13)	Saying what I like and don't like doing Saying that I don't know	2i summarise and report 3c knowledge of language 5c expressing feelings and opinions	J'aime/Je n'aime pas faire/jouer … Il/Elle aime/n'aime pas faire/jouer … Je ne sais pas Il/Elle ne sait pas -er verbs
5 Je suis allé(e) à Aqua Park et j'ai … (pp. 14–15)	Saying where I have been and what I have done	2c ask and answer questions 2h scan texts	Je suis allé(e) à (Aqua Park) J'ai nagé/joué/bavardé/fait du quads/fait du VTT/fait du canoë/mangé/bu/dragué/dansé Perfect tense with avoir and être
Bilan et Contrôle révision (pp. 16–17)	Pupils' checklist and practice test	3a memorising	
Grammaire (pp. 18–19)	Grammar points and exercises	1b apply grammar	

L'HEXAGONE MODULE 1

Unit	Main topics and objectives	PoS	Grammar and key language
En plus: La Polynésie – Ici on parle français (pp. 20–23)	Optional extension unit	**4c** compare home and TL culture **4d** knowledge of experiences and perspectives **5f** adapt learned language **5g** listening and reading for personal interest	
Poème (p. 22)	Citoyens du monde		
À toi! (pp. 126–127)	Self-access reading and writing at two levels	**3c** independence in learning	

1 À la découverte de la France

(Pupil's Book pages 6–7)

Main topics and objectives

- Naming three areas of France
- Naming three of its rivers
- Naming three of its mountain areas
- Naming three of its neighbouring countries
- Naming three of its tourist attractions

Other aims

- Naming points on the compass
- Responding to spoken/written language

Grammar

il, elle
le, la
un, une

Key language

la Bretagne, la Normandie, la côte d'Azur
la Loire, la Seine, la Dordogne
le Massif central, les Pyrénées, les Alpes
l'Italie, la Suisse, l'Espagne, l'Allemagne, la Belgique
la tour Eiffel, le parc Disneyland, le Futuroscope
Paris, Bordeaux, Poitiers

Resources

Cassette A, side 1
Cahier d'exercices, page 3
Feuille de travail 3, page 6
Grammaire 1, page 9
Large map of France (or an OHT map) + stickers with the names of regions, rivers, countries surrounding France, mountain ranges, tourist attractions
Useful website: Kids' almanac @ http:/www.infoplease.com

Suggestion

Before looking at the book see how much French geography pupils already know! Introduce pupils to a large map of France and ask for volunteers to stick stickers with the names of main regions, rivers, countries surrounding France, mountain ranges and tourist attractions. Or, before doing this exercise, hand out small photocopies of a map of France (see **Feuille de travail 3**) and ask pupils to discuss these points with a partner (set a time limit of 5–7 minutes). Then, ask for volunteers to put the stickers on the map. Another idea would be to divide the class into two groups (*bleu* et *vert*); if you do this you will need two sets of stickers. Each group nominates a volunteer to put the sticker where they think it should go. See which group gets the most correct answers.

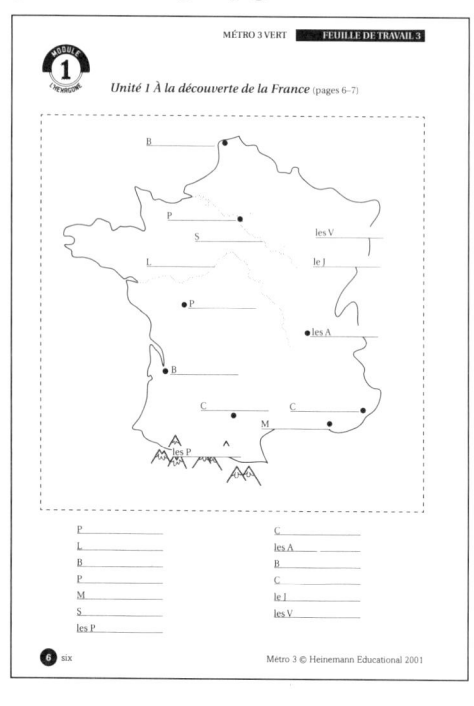

Answers

(clockwise from top) Boulogne, les Vosges, le Jura, les Alpes, Cannes, Marseille, Carcassonne, les Pyrénées, Bordeaux, Poitiers, Loire, Seine, Paris

1a À deux. Trouvez le nom de: 1 trois fleuves, 2 trois chaînes de montagnes, 3 trois régions, 4 trois pays, 5 trois sites touristiques. (AT2/1)

Speaking. Working in pairs, pupils find the names of the things listed (1–5) from the map of France on page 6.

1b Écoute et vérifie. (AT1/2)

Listening. Pupils listen to the tape and check their answers.

Tapescript

– Que'st-ce qu'il faut faire?
– Bon ... il faut trouver les noms sur la carte.
– O.K. vas-y ...
– 3 fleuves.
– 3 fleuves, la Loire, ... la Seine, ...
– Et ... euh ... la Dordogne.
– Bon.
– 3 chaînes de montagnes?
– Il y a les Alpes, ...
– Oui ...
– Et les Pyrénées ...
– Et ... euh ... le Massif Central
– 3 régions?
– La Bretagne, la Normandie, euh ... et la côte d'Azur.
– 3 pays?
– Bon, trois pays qui ont une frontière avec la France:
– l'Italie ...
– l'Espagne ...

L'HEXAGONE

MODULE 1

– la Belgique ...
– Et il y a l' Allemagne et la Suisse aussi ... Oui, il y en a cinq.
– 3 sites touristiques?
– La tour Eiffel à Paris bien sûr.
– Et?
– Euh ... le parc Disneyland, tu sais ce que c'est?
– Oui, c'est un parc Disney avec des manèges.
– Oui, c'est près de Paris ...
– Et?
– Bon, tour Eiffel, le parc Disneyland et ... Futuroscope?
– Ah oui, Futuroscope ...
– Oui, c'est un parc d'attractions du cinéma.
– Ah oui, c'est très futuriste.
– Y es-tu allé?
– Ah oui, c'est super, il y a toutes sortes de cinémas.

1c Écris la liste. (AT4/1)

Writing. Pupils write out a list of the things they have just found on the map, for example: *3 fleuves: la Dordogne*, etc.

2a Qu'est-ce que c'est? (AT3/2)

Reading. Pupils match the photos of the tourist sites (A–F) at the top of page 7 with their respective descriptions 1–6.

Answers

1B 2D 3E 4A 5F 6C

2b Comment s'appellent-ils? (AT2/2)

Speaking. Working in pairs, pupils use the descriptions 1–6 from activity 2a to help them ask each other about the tourist attractions, for example: *Comment s'appelle le parc d'attractions près de Paris?*

2c Fais la liste. Qu'est-ce que c'est? Ça se trouve où? (AT4/2)

Writing. Pupils write down the name of the six tourist attractions at the top of page 7 and where they are found.

2d C'est quel site? (AT1/2)

Listening. Pupils listen to the tape and write down the names of the tourist sites. They will be given the first letter of the beginning of each name to help them.

Answers

1 (le) Futuroscope **2** (la) tour Eiffel **3** (le) parc Disneyland **4** (la) Seine **5** (la) Bretagne

Tapescript

1 – Qu'est-ce que c'est?
– C'est un parc d'attractions futuriste. Il se trouve au sud de Paris. Ça commence par un 'F'.

2 – Qu'est-ce que c'est?
– C'est un grand monument. Il se trouve à Paris. Ça commence par un 'T'.

3 – Qu'est-ce que c'est?
– C'est un parc d'attractions et il y a beaucoup de manèges. Il se trouve près de Paris. Ça commence par un 'P'.

4 – Qu'est-ce que c'est?
– C'est le nom d'un fleuve. C'est le fleuve qui traverse Paris. Ça commence par un 'S'.

5 – Qu'est-ce que c'est ?
– C'est le nom d'une région. C'est dans le nord de la France. Ça commence par un 'B'.

3 Fais un site web de trois sites touristiques chez vous. (AT4/3)

Writing. Pupils make up a website of three local tourist sites.

Cahier d'exercices, page 3

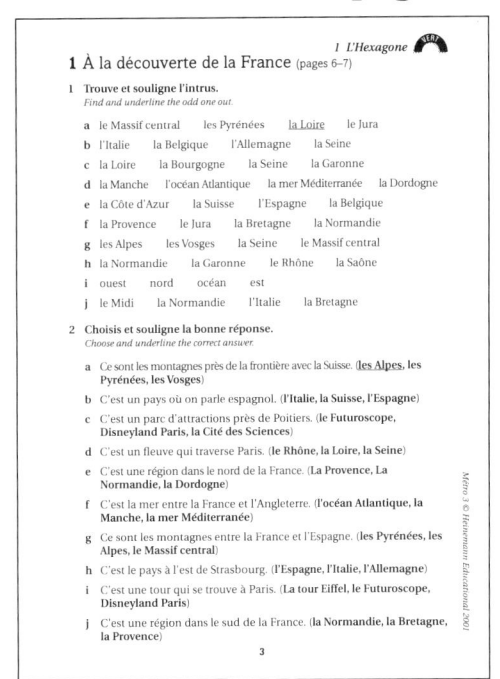

1 L'Hexagone
1 À la découverte de la France (pages 6–7)

1 Trouve et souligne l'intrus.
Find and underline the odd one out.

a le Massif central   les Pyrénées   <u>la Loire</u>   le Jura
b l'Italie   la Belgique   l'Allemagne   la Seine
c la Loire   la Bourgogne   la Seine   la Garonne
d la Manche   l'océan Atlantique   la mer Méditerranée   la Dordogne
e la Côte d'Azur   la Suisse   l'Espagne   la Belgique
f la Provence   le Jura   la Bretagne   la Normandie
g les Alpes   les Vosges   la Seine   le Massif central
h la Normandie   la Garonne   le Rhône   la Saône
i ouest   nord   océan   est
j le Midi   la Normandie   l'Italie   la Bretagne

2 Choisis et souligne la bonne réponse.
Choose and underline the correct answer.

a Ce sont les montagnes près de la frontière avec la Suisse. (<u>les Alpes</u>, les Pyrénées, les Vosges)
b C'est un pays où on parle espagnol. (l'Italie, la Suisse, <u>l'Espagne</u>)
c C'est un parc d'attractions près de Poitiers. (<u>le Futuroscope</u>, Disneyland Paris, la Cité des Sciences)
d C'est un fleuve qui traverse Paris. (le Rhône, la Loire, <u>la Seine</u>)
e C'est une région dans le nord de la France. (La Provence, <u>La Normandie</u>, la Dordogne)
f C'est la mer entre la France et l'Angleterre. (l'océan Atlantique, <u>la Manche</u>, la mer Méditerranée)
g Ce sont les montagnes entre la France et l'Espagne. (<u>les Pyrénées</u>, les Alpes, le Massif central)
h C'est le pays à l'est de Strasbourg. (l'Espagne, l'Italie, <u>l'Allemagne</u>)
i C'est une tour qui se trouve à Paris. (<u>La tour Eiffel</u>, le Futuroscope, Disneyland Paris)
j C'est une région dans le sud de la France. (la Normandie, la Bretagne, <u>la Provence</u>)

1 (AT3/1)

Answers

a la Loire **b** la Seine **c** la Bourgogne **d** la Dordogne **e** la côte d'Azur **f** le Jura **g** la Seine **h** la Normandie **i** océan **j** l'Italie

2 (AT3/2)

Answers

a les Alpes **b** l'Espagne **c** le Futuroscope **d** la Seine **e** la Normandie **f** la Manche **g** les Pyrénées **h** l'Allemagne **i** la tour Eiffel **j** la Provence

L'HEXAGONE — MODULE 1

Grammaire 1, page 9

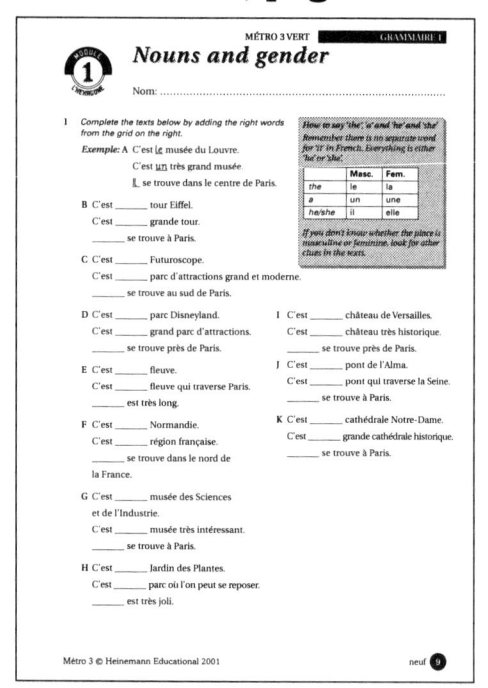

Answers

A le, un, il **B** la, une, elle **C** le, un, il **D** le, un, il **E** un, le, il
F la, une, elle **G** le, un, il **H** un, le, il **I** le, un, il **J** le, un, il
K la, une, elle

MODULE 1 L'HEXAGONE

2 *La France des villes*

(Pupil's Book pages 8–9)

Main topics and objectives
- Talking about different types of towns
- Talking about where I live
- Saying how long I have lived there or whether I was born there

Other aims
- Interrelationship of sounds and writing

Grammar
depuis

Key language
C'est une ville industrielle, une ville touristique, une ville commerciale, un port de commerce, un port de pêche
J'habite à (Newtown)
C'est une grande/petite ville
C'est un village
Dans le nord/sud/ouest/est/centre de l'Angleterre/de l'Écosse/de l'Irlande/du pays de Galles
J'y habite … depuis deux ans/toujours
Je suis né(e) ici

Resources
Cassette A, side 1
Cahier d'exercices, page 4
Feuille de travail 1, page 4

Suggestion
Ask pupils to look at the symbols at the top of page 8 and ask them to find examples of the different types of symbols on the map, for example: *un port de pêche (Boulogne-s/-mer)*.

1a Écoute et lis. (AT1/3, AT3/3)

Listening. Ask pupils to listen to the tape and follow the five letters at the bottom of page 8.

➕ Ask pupils to write down the name of the person for each letter.

Answers
Sébastien, Christophe, Chantal, Sabine, Amandine

Tapescript
J'habite dans l'ouest de la France, en Bretagne. Je suis breton. Notre ville est très touristique. C'est un port de pêche au bord de la mer.

J'habite dans le sud de la France. Ma ville est une grande ville industrielle et un port de commerce. Il y a beaucoup d'industrie dans la région.

J'habite une grande ville qui se trouve dans l'est de la France. Ma région s'appelle l'Alsace, je suis alsacienne! Ma ville est très historique.

Ma ville est dans le sud de la France. C'est une ville touristique. C'est au bord de la mer. Il y a un festival du cinéma chaque année.

J'habite dans le centre de la France. Ma ville est une grande ville industrielle. On frabique des pneus pour les voitures ici.

1b Lis. Copie et complète la grille. Devine: c'est quelle ville? (AT3/3)

Reading. Pupils copy and fill in the grid at the top of page 9. From the texts on page 8 they write down the name of each person and the type of town they come from. Ask pupils to work out from the information they are given which town they think it is.

Answers
Sébastien, un port de pêche/touristique (Boulogne-s/-mer), Christophe, port de commerce/ville industrielle (Marseille), Chantal, ville historique (Strasbourg), Sabine, ville touristique (Cannes), Amandine, ville industrielle (Clermont-Ferrand)

1c Où habitent-ils Écoute et note. (AT1/3)

Listening. Pupils listen to the tape, look at the map and symbols for clues and write down where each person lives.

Answers
1 Carcassonne 2 Boulogne-s/-mer 3 Toulouse 4 le Havre 5 Nice

Tapescript
1 *J'habite une grande ville touristique dans le sud de la France. C'est une ville très historique avec des fortifications.*
2 *J'habite dans le nord de la France. Ma ville est un port de pêche. Elle est située sur la Manche près du Tunnel.*
3 *Ma ville est située dans le sud de la France. C'est une ville industrielle, où l'on fabrique des avions comme l'Airbus.*
4 *J'habite une grande ville industrielle dans le nord de la France. Elle est située au bord de la Manche. Il y a un grand port et un centre nucléaire.*
5 *J'habite au bord de la mer Méditerranée. Ma ville est très jolie, c'est une ville touristique. Il y a beaucoup de gens qui viennent ici pour passer les vacances.*

L'HEXAGONE

MODULE 1

2a Ils y habitent depuis quand? Lis les bulles et copie et complète la grille. (AT3/2)

Reading. Pupils copy and fill in the grid with details from the speech bubbles to show how long each person has lived there and the town they come from. Alternatively, use **Feuille de travail 1**.

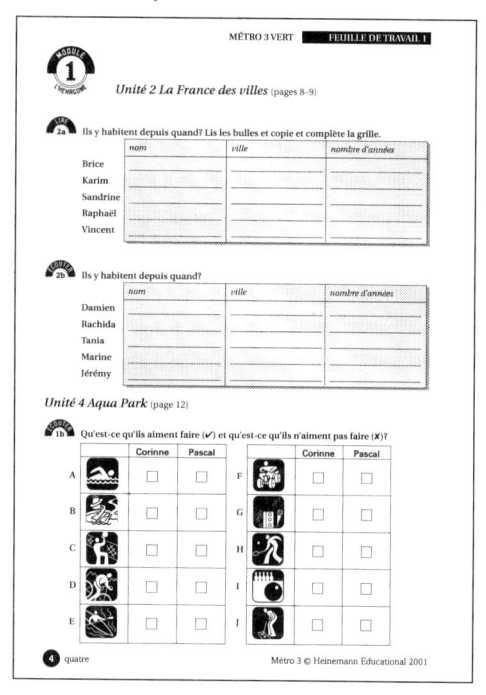

Suggestion

Ask pupils to draw ten rows on the grid to accommodate activity 2b.

Answers

nom	ville	nombre d'années
Brice	Concarneau	8
Karim	Marseille	5
Sandrine	Strasbourg	depuis toujours
Raphaël	Cannes	10
Vincent	Clermont-Ferraud	1

2b Ils y habitent depuis quand? Utilise la même grille pour tes réponses. (AT1/3)

Listening. Pupils listen to the tape and use the same grid to fill in the answers. Alternatively, use **Feuille de travail 1**.

Answers

nom	ville	nombre d'années
Damien	Havre	6
Rachida	Carcassonne	depuis toujours
Tania	Nice	5
Marine	Boulogne-s/-mer	12
Jérémy	Toulouse	10

Tapescript

1 – Où habites-tu, Damien?
– J'habite au Havre.
– Tu y habites depuis quand?
– J'y habite depuis six ans.

2 – Et toi, Rachida?
– J'habite à Carcassonne.
– Et tu y habites depuis quand?
– Depuis toujours: j'y suis née.

3 – Et toi, Tania, où habites-tu?
– J'habite à Nice, dans le sud de la France.
– Tu as toujours habité à Nice?
– Non, je suis née à Paris. J'habite Nice depuis cinq ans.

4 – Et toi? Marine, tu habites où?
– J'habite à Boulogne-s/-mer.
– Ça se trouve où exactement?
– C'est au bord de la Manche.
– Et tu y habites depuis quand?
– J'habite ici depuis douze ans. Je suis née en Belgique.

5 – Et toi? Jérémy tu es né un France?
– Oui, je suis né à Paris, mais j'habite à Toulouse depuis dix ans.
– Depuis … dix … ans … Merci.

3 Et toi? (AT4/3)

Writing. Ask pupils to use the grid at the bottom of page 9 to help them write about where they live.

✚ Speaking. Working in pairs, use the grid to tell your partner about where you live, for example: *J'habite à …* Ask pupils to report back to someone else, for example: *Il/Elle habite à …*

Cahier d'exercices, page 4

L'HEXAGONE   MODULE 1

1 (AT3/3)

Answers

	Town?	Where?	Type of town?	How long lived there?
Juliette	Nice	South	tourist	8 years
Martin	Paris	Centre	tourist	3 years
Karima	Strasbourg	East	historical	always
Hervé	Boulogne	North	fishing port	10 years
Moi				

2 (AT4/3–4)

3 J'habite à Bergerac

(Pupil's Book pages 10–11)

Main topics and objectives
- Naming three places that you can visit
- Naming three places that you can go to
- Naming three things that you can do

Other aims
- Initiating/developing conversations

Grammar
- *On peut* + infinitive
- Reflexive verbs: *se baigner, se reposer, s'amuser*

Key language
Il y a le fleuve, le château, les musées
On peut aller en ville/à la piscine/au cinéma/au musée
On peut faire du canoë, jouer au tennis, faire du vélo, nager, jouer au volley, se baigner, se reposer, s'amuser

Resources
Cassette A, side 1
Cahier d'exercices, page 5
Feuilles de travail 4–5, pages 7–8
Grammaire 2 page 10

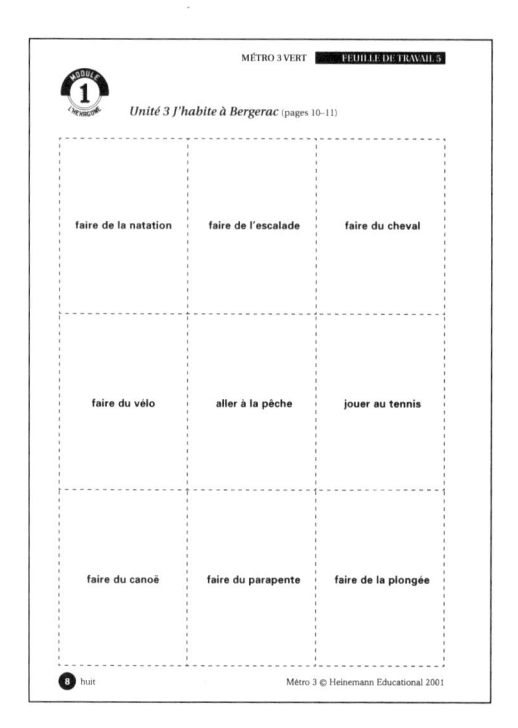

Suggestion
Revise activities having a game of pelmanisim or matching pictures and labels using **Feuilles de travail 4 and 5**. You could always use flashcards 35–46 from *Métro 1*.

1a Lis et écoute l'interview. (AT3/4, AT1/4)

Reading, listening. Pupils read and listen to the interview on page 10.

*Please note that in the first edition of the Pupil's Book (June 2001) there is the following error:
After *'C'est une ville touristique'* follows *'Tu y habites depuis quand? J'y habite depuis toujours. Je suis née à Bergerac.'*
This will be corrected for the next edition.

Tapescript
Ou habites-tu?
J'habite à Bergerac.
Tu habites à Bergerac depuis quand?
J'habite ici depuis neuf ans.
C'est une grande ville?
Non, c'est une petite ville.
C'est quel genre de ville?
C'est une ville touristique.
Qu'est-ce qu'il y a à voir ici?
Il y a le fleuve, le château et les musées.
Où est-ce qu'on peut aller?

L'HEXAGONE

MODULE 1

On peut aller à la piscine, aller en ville, ou aller au cinema.
Qu'est-ce qu'on peut faire?
On peut faire du canoë, jouer au tennis, faire du vélo, et en été, on peut aller à Aqua Park, où l'on peut nager, jouer au volley, se baigner, se reposer, s'amuser.
Aimes-tu habiter ici?
Oui, j'aime bien.
Merci.

1b Lis et réponds aux questions. (AT3/4)

Reading. Ask pupils to answer questions 1–6 about the interview.

Answers

1 à Bergerac 2 une ville touristique 3 depuis toujours 4 le fleuve, le château, les musées 5 à la piscine, en ville, au cinéma 6 du canoë, jouer au tennis, faire du vélo, aller à Aqua Park (nager, jouer au volley, se baigner, se reposer, s'amuser)

1c À deux. À tour de rôle. Faites une interview. (AT2/3–4)

Speaking. Working in pairs, pupils take it in turns to interview one another about what there is to see, where you can go and what there is to do, for example: *Qu'est-ce qu'il y a à voir ici? Où est-ce qu'on peut aller? Qu'est-ce qu'on peut faire?*

2a Qu'est-ce qu'on peut faire et qu'est-ce qu'on ne peut pas faire? (AT1/3)

Listening. Pupils listen and write down what you can and can't do on the activity holiday.

Answers

natation ✓ escalade ✗ VTT ✗ tennis ✓ canoë ✓ parapente ✗

Tapescript

Stage activités jeunes
Qu'est-ce qu'on peut faire ... de la natation?
Bien sûr. Il y a une grande piscine.
Et ... est-ce qu'on peut faire de l'escalade?
Euh ... non.
Et ... est-ce qu'on peut faire du VTT?
VTT? Non, Non plus.
Et le tennis?
Oui, on peut jouer au tennis.
Et le canoë?
Oui, ... on peut faire du canoë sur la rivière.
Et du parapente?
Non on ne peut pas faire de parapente.

2b Fais une brochure pour ton stage idéal. (AT4/3–4)

Writing. Pupils make a brochure for their dream activity holiday.

➕ Ask pupils to work in pairs, and to carry out an interview with their partner (similar to the one on page 10) about where they live and what there is to do there.

Cahier d'exercices, page 5

1 (AT4/2)

Answers

1 J'habite à la Rochelle. 2 C'est une assez grande ville. 3 C'est dans l'ouest de la France. 4 C'est une ville touristique. 5 J'y habite depuis six ans. 6 Il y a le port et la plage. 7 On peut aller à la piscine, aller au cinéma au aller en ville. 8 On peut faire du canoë, on peut jouer au tennis et on peut aller à la pêche. 9 Oui, j'aime bien. 10 Merci.

2 (AT4/3)

L'HEXAGONE — MODULE 1

Grammaire 2, page 10

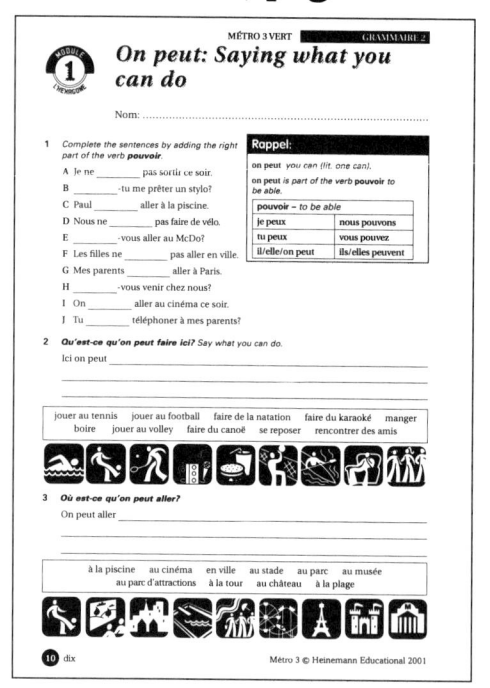

On peut: Saying what you can do

1 Complete the sentences by adding the right part of the verb **pouvoir**.

A Je ne _____ pas sortir ce soir.
B _____ -tu me prêter un stylo?
C Paul _____ aller à la piscine.
D Nous ne _____ pas faire de vélo.
E _____ -vous aller au McDo?
F Les filles ne _____ pas aller en ville.
G Mes parents _____ aller à Paris.
H _____ -vous venir chez nous?
I On _____ aller au cinéma ce soir.
J Tu _____ téléphoner à mes parents?

Rappel:

on peut — you can (lit. one can).
on peut is part of the verb **pouvoir** to be able.

pouvoir – to be able	
je peux	nous pouvons
tu peux	vous pouvez
il/elle/on peut	ils/elles peuvent

2 *Qu'est-ce qu'on peut faire ici?* Say what you can do.

Ici on peut _____

jouer au tennis   jouer au football   faire de la natation   faire du karaoké   manger
boire   jouer au volley   faire du canoë   se reposer   rencontrer des amis

3 *Où est-ce qu'on peut aller?*

On peut aller _____

à la piscine   au cinéma   en ville   au stade   au parc   au musée
au parc d'attractions   à la tour   au château   à la plage

Answers

1 A peux **B** Peux **C** peut **D** pouvons **E** pouvez **F** peuvent
G peuvent **H** pouvez **I** peut **J** peux

4 Aqua Park

(Pupil's Book pages 12–13)

Main topics and objectives
- Saying what I like and don't like doing
- Saying that I don't know

Other aims
- Summarising and reporting

Grammar
- *Aimer: j'aime, tu aimes, il/elle aime*
- *Faire: je fais, tu fais, il/elle fait*

Key language
J'aime/Je n'aime pas … faire/jouer …
Il/Elle aime/n'aime pas … faire/jouer …
Je ne sais pas
Il/Elle ne sait pas

Resources
Cassette A, side 1
Cahier d'exerices, page 6
Feuille de travail 1, page 4

1a À deux. Trouvez le bon dessin pour chaque activité. (AT2/1)

Speaking. Working in pairs, pupils look for the right picture for each activity.

Answers
| A4 B5 C1 D7 E9 F3 G8 H10 I6 J2 |

1b Qu'est-ce qu'ils aiment faire et qu'est-ce qu'ils n'aiment pas faire? (AT1/3)

Listening. Pupils listen to the tape and write down the letter of the activity to show what Corinne and Pascal like and don't like doing.

Suggestion
Use tick grid for Corinne and Pascal on **Feuille de travail 1**.

Answers
Corinne aime: A, G n'aime pas: C, D, I **Pascal** aime: B, E, F, G n'aime pas: C, D, H

Tapescript
1 – Aimes-tu aller à Aqua Park, Corinne?
 – Oui, j'adore.
 – Aimes-tu nager?
 – Oui, j'aime.
 – Aimes-tu jouer au volleyball?
 – Euh … non …
 – Aimes-tu faire du VTT?
 – Non plus.
 – Et le karaoké et les soirées musicales?
 – J'adore, c'est vraiment cool ça.
 – Aimes-tu faire du bowling?
 – Non, pas du tout.
 – Aimes-tu jouer au mini-golf?
 – Non, je n'aime pas.
2 – Et toi, Pascal?
 – Aimes-tu aller à Aqua Park?
 – Ben oui, j'y vais tous les weekends en été.
 – Et, … Qu'est-ce que tu aimes y faire?
 – Ce que j'aime c'est le quads.
 – Aimes-tu faire du toboggan?
 – Oui, j'aime aussi ça.
 – Aimes-tu jouer au volley?
 – Ben … non …
 – Aimes-tu faire du VTT?
 – Non, non plus.
 – Et … Aimes-tu faire du karaoké?
 – Oui, j'aime bien.
 – Aimes-tu jouer au tennis?
 – Non, ce n'est pas mon truc.
 – Et le canoë?
 – Ah oui, j'aime, c'est rigolo, on s'amuse. Je joue avec mes copains.

1c Fais un résumé. (AT4/2–3)

Writing. Pupils summarise what Corinne and Pascal like and don't like to do.

2a Interviewe ton/ta partenaire et note ses réponses. (AT2/3)

Speaking. Working in pairs, pupils interview their partner about what they like and don't like to do for example: *Aimes-tu faire du VTT?*

L'HEXAGONE

MODULE 1

2b Écris les resultats de l'interview. Qu'est-ce qu'il/elle aime et qu'est-ce qu'il/elle n'aime pas? (AT4/3)

Writing. Pupils write down the answers from the interview.

Suggested answer

> **Corinne** aime nager, le karaoké et les soirées musicales. Elle n'aime pas jouer au volleyball, faire du VTT, faire du bowling et jouer au mini-golf. **Pascal** aime le quads, faire du toboggan, faire du karaoké et le canoë. Il n'aime pas jouer au volleyball, faire du VTT et le tennis.

2c Et toi? Qu'est-ce que tu aimes et qu'est-ce que tu n'aimes pas? (AT4/3–4)

Pupils then write about their own likes and dislikes.

3 Lis et trouve-leur un copain/copine! (AT3/3)

Reading. Ask pupils to read the three letters at the bottom of page 13 and to find a friend for each person.

Suggested answers

> Mathieu: Cécile; Romain: Thomas; Constance: Benjamin

Cahier d'exercices, page 6

1 (AT3/2)

Answers

> **Sandrine** d, h **Marc** a, f, i **Sophie** e, g **Jean-Luc** c, j **Nathalie** b, f

2 (AT4/3)

Answers

> **a** J'aime jouer au volleyball. **b** J'aime faire du VTT. **c** Je n'aime pas faire du canoë. **d** Je n'aime pas écouter de la musique. **e** J'aime aller au cinéma. **f** Je n'aime pas jouer au volleyball.

24

5 Je suis allé(e) à l'Aqua Park et j'ai ...

(Pupil's Book pages 14–15)

Main topics and objectives
- Saying where I have been and what I have done

Other aims
- Scanning texts

Grammar
- *Le passé composé*: -er verbs + *bu, fait*

Key language
Je suis allé(e) à (Aqua Park)
J'ai nagé/joué/bavardé/fait du quads/fait du VTT/fait du canoë/mangé/bu/dragué/dansé

Resources
Cassette A, side 1
Cahier d'exercices, page 7
Grammaire 3–5, pages 11–13
Skills 1–2, pages 14–15

1a Qu'est-ce qu'ils ont fait? Écoute et note. (AT1/3–4)

Listening. Pupils listen to the tape and write down what each person did, using the pictures at the top of page 14 to help them.

Answers

> 1 nagé, joué au volley, bavardé, mangé au snack 2 joué au tennis, nagé, bu un Orangina, joué au mini-golf 3 nagé, joué au volleyball, fait du quads, dragué les filles 4 fait du VTT, bavardé, dragué les filles, mangé un burger, bu un coca 5 nagé, fait du canoë

✚ Ask pupils to also write down what each person didn't do and to give a reason.

Tapescript

1 – Hier, je suis allé à Aqua Park avec mon frère.
   – Et qu'est-ce que tu as fait?
   – J'ai nagé, j'ai joué au volleyball, j'ai bavardé avec mes copains et j'ai mangé au snack.
   – As-tu fait du canoë?
   – Non.
2 – Et toi, ... qu'est-ce que tu as fait?
   – Je suis allée à Aqua Park et j'ai joué au tennis, j'ai nagé, j'ai bu un Orangina et j'ai joué au mini-golf.
   – As-tu joué au volleyball?
   – Non, je n'ai pas joué au volleyball parce que je n'aime pas ça.
3 – Et toi, ... qu'est-ce que tu as fait hier?
   – Moi, je suis allé aussi à Aqua Park et j'ai nagé, j'ai joué au volleyball,
   – j'ai fait du quads et j'ai dragué les filles.
   – Euh, as-tu joué au tennis?
   – Non, je n'aime pas.
4 – Et toi ... Qu'est-ce que tu as fait hier?
   – Je suis allé à Aqua Park et j'ai fait du VTT avec mon copain et puis j'ai bavardé avec mes copains, et j'ai dragué les filles, et j'ai mange un burger et j'ai bu un coca.
   – As-tu joué au tennis?
   – Non, je n'aime pas.
5 – Et toi ... Qu'est-ce que tu as fait hier?
   – Je suis aussi allé à Aqua Park et j'ai nagé et j'ai fait du canoë.
   – As-tu fait du quads?
   – Non, c'est trop cher.
   – Merci.

1b À deux. Pose les questions à ton/ta partenaire. (AT2/4)

Speaking. Working in pairs, pupils ask their partner the questions at the bottom of page 14, for example: *Qu'est-ce que tu as fait?*

✚ Ask pupils to report back, for example: *Il/Elle a joué au volley.*

2a Lis et trouve la bonne personne. (AT3/4)

Reading. Pupils look at the letters at the top of page 15 and match the ten questions with the right person.

Answers

> 1 Youssef 2 Jean-Yves 3 Marc, Isabelle 4 Brice 5 Marc 6 Sylvie 7 Emmanuelle 8 Youssef 9 Jean-Yves 10 Marc

2b Lis et trouve dans le texte. (AT3/4)

Reading. Pupils read the letters and find the six things asked for.

Answers

> une salade, un burger, un poulet-frites; un jus d'orange, un coca; volley-ball, tennis; une vidéo, un film; copain, copine; des baskets, un jean

3a Qu'est-ce que tu as fait samedi après-midi? (AT4/4–5)

Writing. Pupils write down what they did on Saturday afternoon, for example: *Je suis allé(e) en ville et j'ai ...*

✚ Ask pupils to work in small groups of no more than six and play this version of 'I went to market and I bought ...' *Je suis allé(e) en ville et j'ai ...* or it could be *Je suis allé(e) à Aqua Park et j'ai ...*

L'HEXAGONE

MODULE 1

Cahier d'exercices, page 7

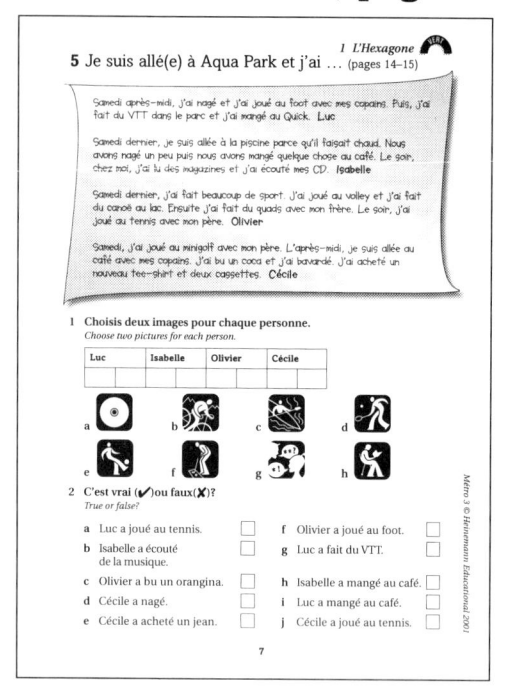

1 (AT3/3)

Answers

Luc: e, b   Isabelle: i, a   Olivier: c, h, d   Cécile: f, g

2 (AT3/3)

Answers

a ✓ b ✓ c ✗ d ✗ e ✗ f ✗ g ✓ h ✓ i ✗ j ✗

Grammaire 3, page 11

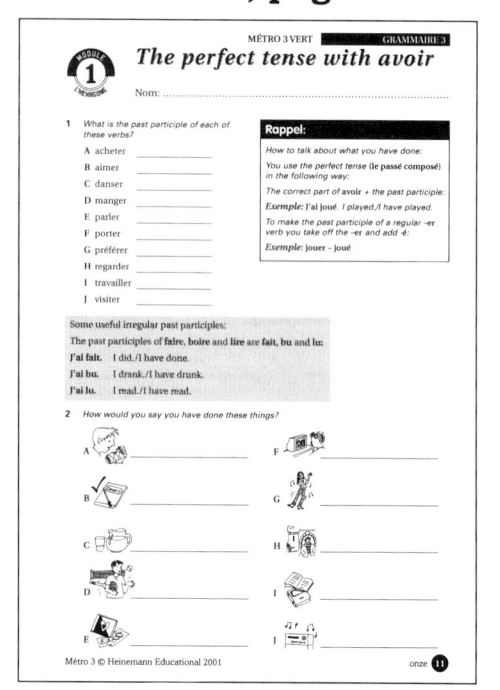

Answers

1 A acheté **B** aimé **C** dansé **D** mangé **E** parlé **F** porté **G** préféré **H** regardé **I** travaillé **J** visité

2 A J'ai mangé un sandwich. **B** J'ai fait mes devoirs. **C** J'ai bu de l'eau. **D** J'ai joué au tennis. **E** J'ai acheté un CD. **F** J'ai regardé la télévision. **G** J'ai dansé. **H** J'ai visité un château. **I** J'ai lu des livres. **J** J'ai écouté de la musique.

Grammaire 4, page 12

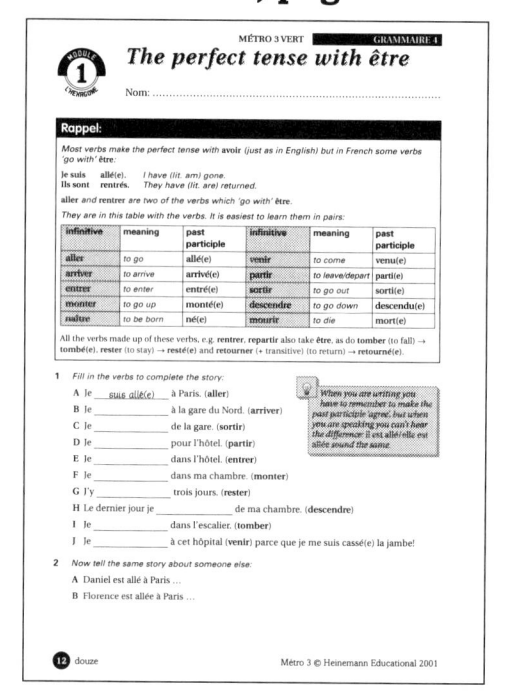

Answers

1 A Je suis allé(e) **B** Je suis arrivé(e) **C** Je suis sorti(e) **D** Je suis parti(e) **E** Je suis entré(e) **F** Je suis monté(e) **G** Je suis resté(e) **H** Je suis descendu(e) **I** Je suis tombé(e) **J** Je suis venue(e)

L'HEXAGONE

MODULE 1

Grammaire 5, page 13

Answers

1 **A** Je suis allé(e) au snack et j'ai mangé un burger. **B** Je suis allé(e) au café et j'ai bu un coca. **C** Je suis allé(e) à la boulangerie et j'ai acheté du pain. **D** Je suis allé(e) au stade et j'ai joué au tennis. **E** Je suis allé(e) à la boutique et j'ai acheté un pullover. **F** Je suis allé(e) au collège et j'ai fait mes devoirs. **G** Je suis allé(e) à la plage et je me suis bronzé(e).

Skills 1, page 14

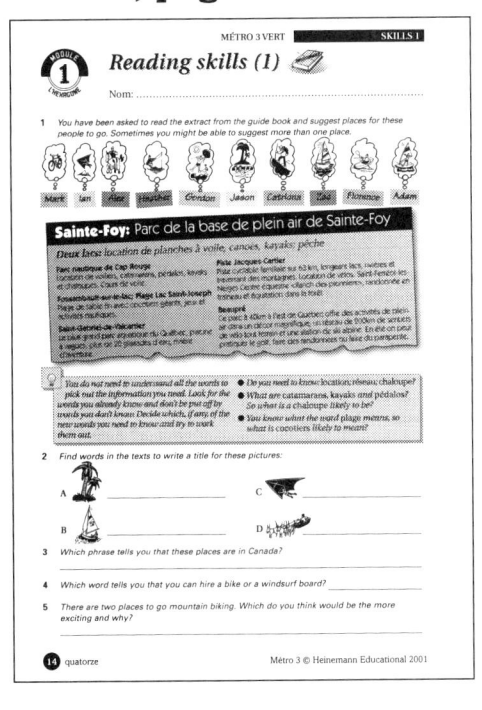

Answers

1 **Mark:** Piste Jacques-Cartier; **Ian:** Beaupré; **Alex:** Piste Jacques-Cartier; **Heather:** Piste Jacques-Cartier; **Gordon:** Fossambault-sur-le-lac; Plage Lac Saint-Joseph; **Jason:** Fossambault-sur-le-lac, Plage Lac Saint-Joseph; **Catriona:** Piste Jacques-Cartier; **Zac:** Parc nautique de Cap Rouge; **Florence:** Parc nautique de Cap Rouge; **Adam:** Parc nautique de Cap Rouge

2 **A** Cocotiers géants **B** Cours de voile **C** Faire du parapente **D** Randonnée en traîneau

3 Le plus grand parc aquatique du Québec

4 location

5 Two places: Piste Jacques-Cartier, Beaupré; Beaupré is more exciting because there is wonderful scenery.

Skills 2, page 15

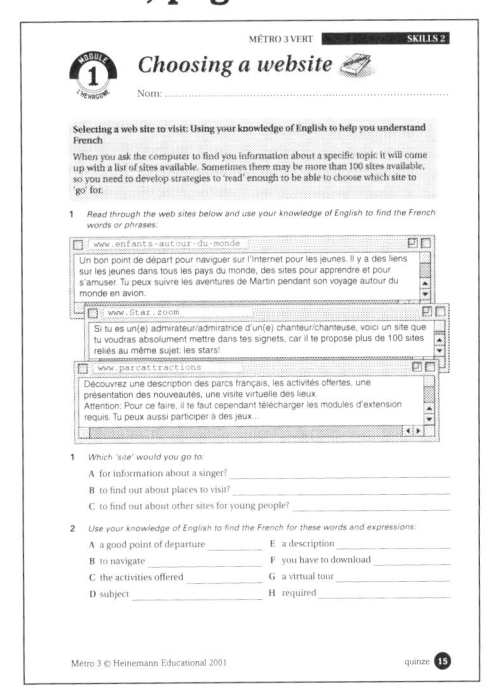

Answers

1 **A** www.Star.zoom **B** www.parcattractions **C** www.enfants-autour-du-monde

2 **A** un bon point de départ **B** naviguer **C** les activités offertes **D** sujet **E** une description **F** il te faut cependant télécharger **G** une visite virtuelle **H** requis

27

Bilan et Contrôle révision

(Pupil's Book pages 16–17)

Bilan

This is a checklist of language covered in Module 1. There is a **Bilan** sheet for Module 1 in the **Resource and Assessment file** (page 18). Partners can test each other and tick off and initial the first row of boxes. The second row of boxes is for the teacher to initial, and the space below is for comments.

Contrôle révision

A revision test for the test itself at the end of the module.

Resources

Cassette A, side 1
Cahier d'exercices, pages 8–9

---

1 Où habitent-ils? (AT1/3)

Listening. Pupils listen to the tape and write down where each person lives.

Answers

Patrice (Carcassonne) Eveline (Boulogne-s/-mer)
Véronique (Toulouse) Thomas (le Havre) Rachid (Nice)

Tapescript

1 – Où habites-tu Patrice?
   – J'habite dans le sud de la France. C'est une grande ville historique avec des fortifications.
2 – Et toi Eveline?
   – Ma ville est un port de pêche. Elle est située sur la Manche dans le nord de la France.
3 – Et toi Véronique?
   – Ma ville est une ville industrielle, on y fabrique des avions comme l'Airbus. C'est dans le sud-ouest de la France.
4 – Et toi, Thomas?
   – J'habite dans le nord. Chez moi, c'est un grand port commercial et il y a un centrale nucléaire. La ville est située au bord de la Seine.
5 – Et toi Rachid?
   – Ma ville? Elle est très jolie, c'est une ville touristique. Il y a beaucoup de gens qui viennent ici pour passer les vacances. La ville se trouve au bord de la mer. C'est dans le sud de la France.

---

2 Copie et remplis la grille. (AT3/3)

Reading. Pupils copy and fill in the grid with information from 1–5.

Answers

1 Sylvie, le Havre, 6, le port/la piscine **2** Bruno, Carcassonne, 10, les fortifications/de l'équitation
3 Nathalie, Nice, depuis toujours, nager/se reposer
4 Olivier, Boulogne-s/-mer, 12, cinéma/la ville **5** Sabrina, Toulouse, 10, tour de la ville/du vélo

---

3 Qu'est-ce que tu aimes et qu'est-ce que tu n'aimes pas? À tour de rôle. Interviewe ton/ta partenaire. (AT2/2–3)

Speaking. Working in pairs, pupils interview their partner about their likes and dislikes, for example: *Aimes-tu nager?*

---

4 Fais une présentation. (AT4/3–4)

Writing. Pupils write about where they live, what they can do there and what they like and don't like to do.

Cahier d'exercices, pages 8–9

L'HEXAGONE

MODULE 1

1 (AT3/4)

Answers

rivière: la Saône; deux jours: samedi, dimanche; montagnes: les Alpes; deux pays: la Suisse, l'Italie; une opinion: j'aime bien; trois sports: canoë, tennis, volley, nager (natation)

2 (AT3/4)

Answers

a ✗ b ✓ c ✗ d ✗ e ✗ f ✗ g ✓ h ✓ i ✗ j ✗

3 (AT4/3–4)

Grammaire

(Pupil's Book pages 18–19)

This section provides more explanation and practice of the main grammatical points covered in the Module.

Resources

Cahier d'exercices, pages 10–11

1 Nouns and gender
Answers

1 la 2 la 3 les 4 l' 5 le 6 les

2 Saying 'it'
Answers

1 il 2 elle 3 il 4 elle 5 elle 6 il

3 Adjectives
Answers

No change: 1, 2, 3, 6 4 une ville industrielle 5 une région commerciale

4 Verbs
Answers

1 A Je joue au tennis. B Je fais mes devoirs. C Je vais au snack (je mange un burger et des frites). D Je regarde la télévision. E J'écoute de la musique.
2 A Joues-tu au tennis? B Fais-tu tes devoirs? C Vas-tu au snack? (Manges-tu un burger et des frites?) D Regardes-tu la télévision? E Écoutes-tu de la musique?
3 A Il/elle joue au tennis. B Il/elle fait ses devoirs. C Il/elle va au snack. D Il/elle regarde la télévision. E Il/elle écoute de la musique.

5 Aimer + infinitive
Answers

A J'aime/Je n'aime pas lire. B J'aime/Je n'aime pas regarder la télévision. C J'aime/Je n'aime pas jouer au football. D J'aime/Je n'aime pas écouter de la musique. E J'aime/Je n'aime pas danser. F J'aime/Je n'aime pas faire du vélo. G J'aime/Je n'aime pas nager. H J'aime/Je n'aime pas manger au snack/un burger et des frites.

6 How to say what you can do
Answers

A On peut aller en ville. B On peut visiter le musée. C On peut aller au cinéma. D On peut jouer au tennis. E On peut aller à la piscine. (On peut nager). F On peut aller au restaurant.

Cahier d'exercices, page 10

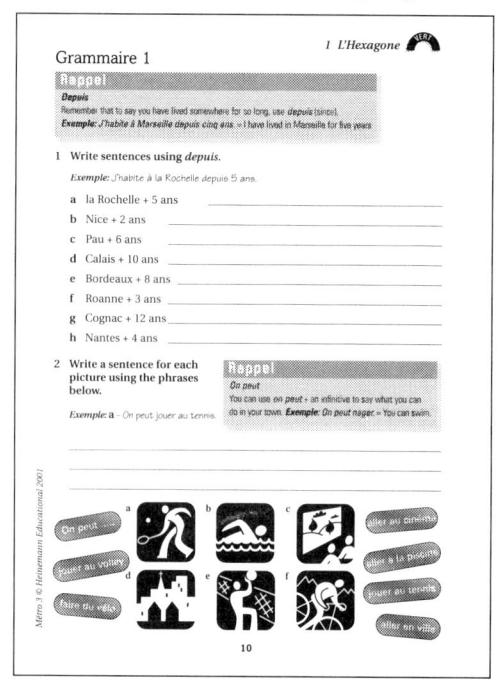

1
Answers

a J'habite à la Rochelle depuis 5 ans. b J'habite à Nice depuis 2 ans. c J'habite à Pau depuis 6 ans. d J'habite à Calais depuis 10 ans. e J'habite à Bordeaux depuis 8 ans. f J'habite à Roanne depuis 3 ans. g J'habite à Cognac depuis 12 ans. h J'habite à Nantes depuis 4 ans.

2
Answers

a On peut jouer au tennis. b On peut aller à la piscine. c On peut aller au cinéma. d On peut aller en ville. e On peut jouer au volley. f On peut faire du vélo.

L'HEXAGONE

MODULE 1

Cahier d'exercices, page 11

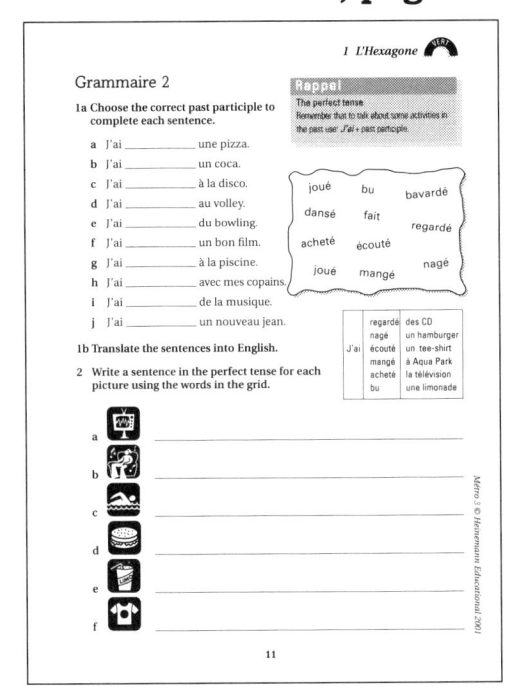

1a

Answers

a mangé **b** bu **c** dansé **d** joué **e** fait **f** regardé **g** nagé **h** bavardé **i** écouté **j** acheté

1b

Answers

a I ate a pizza. **b** I drank a coke. **c** I danced at the disco. **d** I played volleyball. **e** I went bowling. **f** I saw a good film. **g** I swam at the swimming pool. **h** I chatted to my friends. **i** I listened to music. **j** I bought a new pair of jeans.

2

Answers

a J'ai regardé la télévision. **b** J'ai ecouté des CD. **c** J'ai nagé à Aqua Park. **d** J'ai mangé un hamburger. **e** J'ai bu une limonade. **f** J'ai acheté un tee-shirt.

En Plus: La Polynésie – Ici on parle français

(Pupil's Book pages 20–23)

Main topics and objectives
- Reading for information
- Listening for information
- *Mon, ma, mes/ton, ta, tes/son, sa, ses*

Other aims
- Preparing a description of yourself

Key language
La capitale de ... est ...
La montagne la plus haute s'appelle ...
Les industries principales sont ...
La langue officielle est ...

Resources
Cassette A, side 1
Cahier d'exercices, page 12
Feuille de travail 2, page 5

1a Lis et écoute. (AT3/4, AT1/4)

Reading. Pupils read the description about Tahiti at the top of page 20 and listen to the tape.

Tapescript

Qu'est-ce que la Polynésie?

Tahiti est une île qui se trouve dans l'océan Pacifique. Il y a 131.300 habitants.

La capitale de Tahiti est Papeete. La montagne la plus haute s'appelle le mont Orohena avec une altitude de 2 241 m. Tahiti mesure 50 km de long sur 25 km de large.

Les industries principales sont l'agriculture et le tourisme. Les produits principaux sont les bananes, les noix de coco, le sucre de canne, la vanille et les perles.

Beaucoup de plages sont noires parce que les îles sont d'origine volcanique.

À la maison, la plupart des Tahitiens parlent tahitien, mais la langue officielle est le français.

1b À deux, à tour de rôle. Pose les questions et donne les réponses. (AT2/4)

Speaking. Working in pairs, pupils take it in turns to ask and reply to the seven questions.

Answers

1 Tahiti est une île. 2 Tahite se trouve dans l'océan Pacifique. 3 Il ya 131 000 habitants. 4 La capitale de Tahiti est Papeete. 5 La montage la plus haute s'appelle le mont Orohena. 6 Les industries principales sont l'agriculture et le tourisme. 7 La langue officielle est le français.

1c Fais un portrait de Tahiti. (AT4/2–3)

Writing. Pupils copy the identity card at the bottom of page 20 and fill it in to make a profile of Tahiti.

2a Lis et écoute. (AT3/5, AT1/5)

Reading. Pupils read Moorea's letter at the top of page 21 and listen to the tape.

Tapescript

La ora na, maeva! Ça veut dire 'Bonjour, bienvenue!', en tahitien.

Je suis tahitienne. Je m'appelle Moorea. J'habite à Tiarei, une petite commune au bord de la mer. Le collège est à dix kilomètres de chez moi et j'y vais en 'truck'. De septembre à juillet il y a de grandes vagues et quand je rentre du collège je fais du boogie.

La mer est à quinze mètres de ma maison. Pendant les vacances on fait beaucoup de natation et de plongée. Le sable est noir parce que nous habitons une région volcanique. La maison est petite, il y a deux chambres, une cuisine et une salle de bains. Normalement on mange dehors, sur la terrasse. Le soir mon père joue de la guitare et il chante des vieilles chansons maories.

Mon plat préféré est le fei, c'est une banane cuite, mais j'adore aussi le steak-frites!

Au collège on parle français mais à la maison nous parlons tahitien, par exemple au revoir c'est 'nana'. Nana!

2b Lis et réponds. (AT3/5)

Reading. Pupils answer the questions 1–14 about Moorea's letter.

Answers

1 Tiarei 2 à 10 kilomètres de chez elle 3 en truck 4 elle fait du boogie 5 à quinze mètres de sa maison 6 beaucoup de natation et de plongée 7 parce que c'est une région volcanique 8 4 9 dehors 10 son père 11 le fei 12 le steak-frites 13 le tahitien 14 le français

2c Le frère de Moorea. Écoute, copie et complète la liste. (AT1/4)

Listening. Pupils copy the grid at the bottom of page 21, listen to the tape and fill in the grid with information about Moorea's brother.

Answers

Poehi, 15 ans, marron, noirs, le volley et la plongée, la pizza et la glace, noir.

L'HEXAGONE

MODULE 1

Tapescript

La ora na! Mon frère s'appelle Poehei. Ça s'écrit P O E H E I … Il a quinze ans … et … il a les yeux marron et les cheveux noirs, comme moi … euh … et ce qu'il aime faire … bon … ses loisirs préférés sont le boogie, comme moi … il adore ça … et le volley … et la plongée … il aime faire de la plongée … et son plat préféré … la pizza … et la glace, il adore manger des glaces. Sa couleur préférée est le noir. Envoie une cassette: tu as quel âge, tu es comment, qu'est-ce que tu aimes faire et qu'est-ce que tu n'aimes pas faire?

2d Écris un paragraph sur son frère. (AT4/3–4)

Writing. Ask pupils to use the information from activity 2c to write a paragraph about Moorea's brother.

3a Présente-toi. Prépare et enregistre une cassette pour envoyer à Moorea. (AT2/4)

Speaking. Pupils write a description about themselves and then record it on tape to send to Moorea.

3b Écris un e-mail à envoyer à Moorea. (AT4/4)

Writing. Pupils write an e-mail to send to Moorea.

4a Lis et écoute. (AT3/4, AT1/4)

Reading. Pupils read the poem 'Citoyens du monde' on page 22 and listen to the tape.

Tapescript

Citoyens du monde

Nous passons nos vacances en Espagne
Je passe mes vacances en Espagne
Mes baskets sont fabriqués en Corée du Sud
Mon jus d'orange vient d'Israël

Je calcule en chiffres arabes
Je mange des spaghettis italiens
J' utilise l'alphabet latin
Mes jeux vidéo viennent du Japon
Ma chemise vient du Portugal
Mon jean vient des États-Unis

Mon chanteur préféré vient d'Afrique du Nord
Mon livre est imprimé à Hong-Kong
Je regarde des films américains
Mes chaussettes viennent de Chine

Mon footballeur préféré vient d'Amérique du Sud
et je peux surfer n'importe où dans le monde …
Le monde est ma maison
Je suis une habitant(e) de la planète Terre!

4b Lis et réponds! D'où viennent …? (AT3/4)

Reading. Pupils read and answer the questions.

Answers

Corée du Sud, Israël, Italie, Japon, Portugal, États-Unis, Afrique du Nord, Hong Kong, États-Unis, Chine, Amerique du Sud

4c Écris un poème. (AT4/4)

Writing. Pupils use the language at the bottom of page 23 to help them write their own poem. **Feuille de travail 2** contains space for pupils to write their own poem.

Cahier d'exercices, page 12

MODULE 1 L'HEXAGONE

À toi!

(Pupil's Book pages 126–127)

- Self-access reading and writing at two levels.

A Reinforcement

1 Où habitent-ils? (AT3/3)

Reading. Pupils look at the three letters and answer questions 1–5 for each one.

Answers

Danièle: Mulhouse, l'est de la France, depuis 2 ans, ✗, on ne peut pas faire de canoë ou d'escalade

Alain: Marseille, le sud de la France, depuis 3 ans, ✓, la plongée, la planche à voile

Fatima: Cannes, la côte d'Azur (le sud), depuis toujours, ✓, la plage, se baigner

2 Tu habites à Bonneville-sur-mer. C'est comment? (AT4/3–4)

Writing. Pupils use the pictures to help them write about what it is like to live at Bonneville-sur-mer.

3 Et toi? Où habites-tu? C'est comment? (AT4/3–4)

Writing. Pupils write about where they live and what it is like.

B Extension

1 Copie et remplis la grille. (AT3/4)

Reading. Pupils copy and fill in the grid.

Answers

1 frère; nagé, volley-ball, mangé; autre: bavardé; n'aime pas: le canoë

2 sœur; joué au tennis, nagé, bu; autre: mini-golf; n'aime pas: volley-ball

3 copains; nagé, joué au volley-ball, fait du vélo; autre: dragué; n'aime pas: tennis

4 copine; nagé, joué au tennis, fait du VTT, mangé, bu; n'aime pas: volley

5 copain; nagé, fait du canoë; autre: bavardé, écouté de la musique, pas mangé; n'aime pas; les burgers

2 Hier tu es allé(e) à Aqua Park. Décris ce que tu as fait. (AT4/4–5)

Writing. Pupils imagine that they went to Aqua Park yesterday. Ask pupils to write about what they did there.

Module 2: J'arrive

(Pupil's Book pages 26–45)

Unit	Main topics and objectives	PoS	Grammar and key language
1 Je te présente ma famille (pp. 26–27)	Saying what my relations are called Saying what people do	3c knowledge of language 5a communicate in pairs	*mon père, ma mère, mon oncle, ma tante, mon grand-père, ma grand-mère, mon frère, ma sœur s'appelle …* *Il/elle est coiffeur/coiffeuse; médecin, menuisier; mécanicien(ne); infirmier/infirmière; maçon; informaticien(ne); graphiste; cuisinier/cuisinière; étudiante(e)* Possessives
2 À la maison (pp. 28–29)	Describing where I live Naming five rooms	1b apply grammar 2a listen for gist and detail	*J'habite une grande/petite maison un grand/petit appartement* *Il y a le salon, la cuisine, la salle de bains, la salle à manger, la chambre, la douche* Using *tu* and *vous* *nous* form: *habitons, jouons, faisons, regardons, dormons, mangeons*
3 J'ai …? (pp. 30–31)	Saying what is wrong Asking for something	5b spontaneous speech 5h language for real purposes	*j'ai faim/j'ai soif/j'ai froid/j'ai chaud/j'ai mal à la tête/j'ai besoin d'une serviette/ j'ai oublié mon shampooing/je suis fatigué(e)* *Avez-vous du shampooing/un pull/de l'aspirine/une serviette pour moi?* *Est-ce que je peux avoir un sandwich/prendre une douche?* *Est-ce que je peux aller au lit?* Uses of *avoir*
4 Est-ce que tu peux …? (pp. 32–33)	Asking someone to help Talking about jobs in the house	1a interrelationship of sounds and writing 2b pronunciation and intonation	*Est-ce que tu peux mettre la table/débarrasser la table/vider le lave-vaisselle/passer l'aspirateur/ranger les affaires/faire le lit/sortir la poubelle?* *Tu peux* + infinitive
5 Mettons la table! (pp. 34–35)	Laying the table	1b apply grammar 2a listen for gist and detail 2b pronunciation and intonation 2g deal with the unpredictable	*le couteau, la cuillère, la petite cuillère, la fourchette, l'assiette(f), le sel, le poivre, le verre, le bol, la bouteille d'eau, la tasse, la soucoupe, le sel, le poivre* Plurals of nouns *Il me faut* *Il te faut*
Bilan et Contrôle révision (pp. 36–37)	Pupil's checklist and practice test	3a memorising	
Grammaire (pp. 38–39)	Grammar points and exercises	1b apply grammar	

J'ARRIVE — MODULE 2

Unit	Main topics and objectives	PoS	Grammar and key language
En plus: La Francophonie (pp. 40–43)	Optional extension unit	**4c** compare home and TL culture **4d** knowledge of experiences and perspectives **5d** respond to spoken/written language **5e** use a range of resources **5f** use language creatively	
À toi! (pp. 128–129)	Self-access reading and writing at two levels	**3e** independence in learning	

MODULE 2 J'ARRIVE

1 Je te présente ma famille
(Pupil's Book pages 26–27)

Main topics and objectives
- Saying what my relations are called
- Saying what people do

Other aims
- Communicating in pairs

Key language
Mon père, ma mère, mon oncle, ma tante, mon grand-père, ma grand-mère, mon frère, ma sœur s'appelle …
Il/elle est coiffeur/coiffeuse; médecin, menuisier; mécanicien(ne); infirmier/infirmière; maçon; informaticien(ne); graphiste; cuisinier/cuisinière; étudiante(e)

Resources
Cassette A, side 2
Cahier d'exercices, page 13
Feuilles de travail 1–2, pages 27–28
Grammaire 1, page 30

1a Lis et trouve. (AT3/4)
Reading. Pupils read the text and match each person to the appropriate letter.

Answers

A Jules (oncle)	B Sophie (sœur)	C Monique (grand-mère)
D Pierre (grand-père)	E Julie (mère)	F Émilie (tante)
G Justin (père)		

1b Vérifie à deux. (AT2/2)
Speaking. Working in pairs, pupils check their answers from activity 1a, for example: *A C'est son père. Non, c'est son oncle.*

1c Vrai ou faux? (AT3/4)
Reading. Pupils re-read the text at the top of the page and decide whether sentences 1–6 are true or false.

Answers

1 F 2 V 3 F 4 F 5 V 6 F

➕ Ask pupils to correct the sentences that are faux.

1d Décris la famille de Ludo. (AT4/3)
Writing. Pupils name each member of Ludo's family.

Answers

Son père s'appelle Justin. Sa mère s'appelle Julie. Sa tante s'appelle Émilie. Son oncle s'appelle Jules. Sa grand-mère s'appelle Monique. Son grand-père s'appelle Pierre. Sa sœur s'appelle Sophie. Son grand-frère s'appelle Denis.

2a À deux. C'est quel métier? (AT2/2)
Speaking. Working in pairs, pupils use the list of jobs in the box to help them work out what jobs A–J are, for example: *A C'est quoi comme métier? A Infirmier/Je ne sais pas.*

Answers

A infirmier B coiffeur C étudiant D médicin E graphiste
F cuisinier G maçon H menuisier I informaticienne
J mécanicienne

2b Écoute et note. Que font-ils? (AT1/3–4)
Listening. Pupils listen to the tape and note down what each job is. The tape includes speech as well as sound effects.

Answers

1 coiffeur 2 informaticien 3 cuisinière 4 médecin
5 étudiante 6 menuisier 7 infirmière 8 maçon
9 graphiste

Tapescript

1 *Baissez la tête s'il vous plaît. Je coupe un peu plus.*
2 *Tu pourras travailler avec cette disquette, le programme est bon. Clique avec ta souris.*
3 *N'oublie pas d'ajouter du sel.*
4 *Ouvrez la bouche.*
5 *Non, je ne peux pas sortir ce soir. Je dois réviser mes cours pour demain. Je suis très en retard pour mes examens.*
6 *Bon, tu prends la scie.*
7 *Je viens pour changer votre pansement. Avez-vous la compresse ? Bien, allongez vous là, oui, comme ça. Ça ne va pas vous faire mal.*
8 *Oh, il manque du ciment …*
9 *Bon, alors tu fais le fond en rouge et dessous tu mets le titre en caractères gris et noirs.*

2c Ma famille. Que font-ils? (AT4/3)
Writing. Pupils write down what each member of Ludo's family does for a living. Remind pupils to take care with the difference in the masculine and feminine spellings of jobs.

Answers

A menuisier B Informaticienne C coiffeuse
D mécanicien E maçon F au chômage G cuisinière
H étudiant

J'ARRIVE

MODULE 2

➕ 🎴 Feuilles de travail 1–2. Working in pairs, pupils match the pictures of 'tools of the trade' with the appropriate profession.

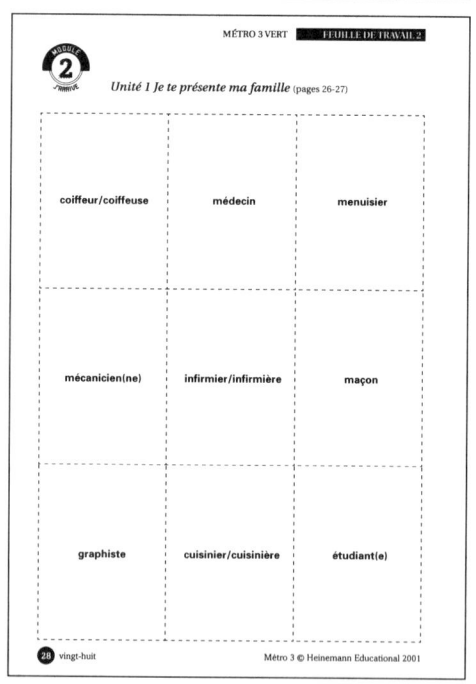

Cahier d'exercices, page 13

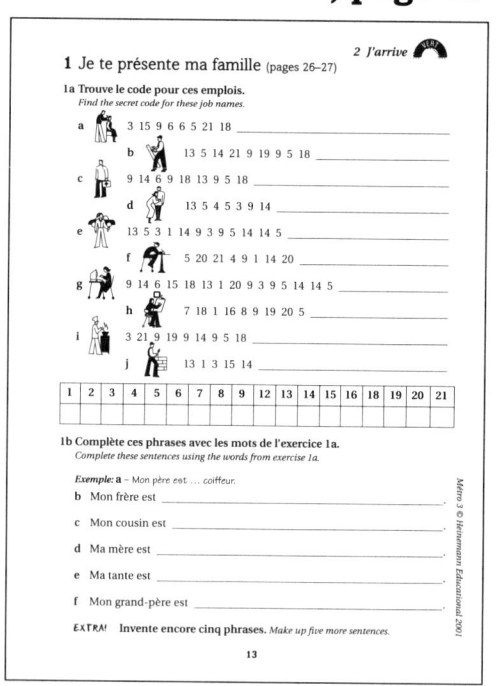

1a (AT4/1–2)

Answers

> **a** coiffeur **b** menuisier **c** infirmier **d** médecin
> **e** mécanicienne **f** étudiant **g** informaticienne **h** graphiste
> **i** cuisinier **j** maçon

1b (AT4/1)

Extra! (AT4/3)

J'ARRIVE — MODULE 2

Grammaire 1, page 30

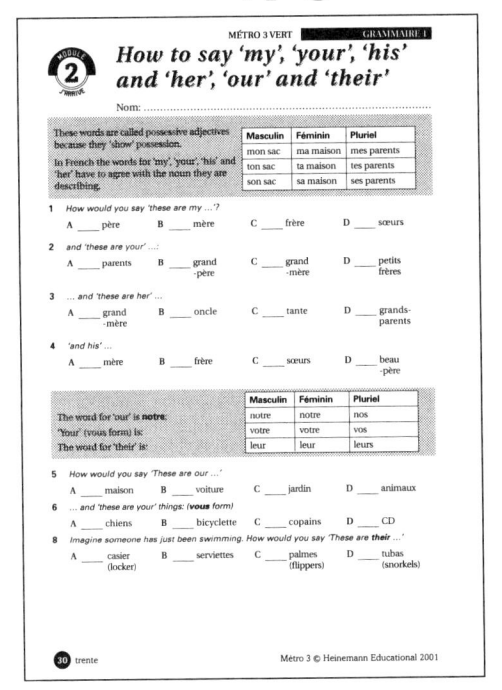

Answers

1 **A** mon **B** ma **C** mon **D** mes
2 **A** tes **B** ton **C** ta **D** tes
3 **A** sa **B** son **C** sa **D** ses
4 **A** sa **B** son **C** ses **D** son
5 **A** notre **B** notre **C** notre **D** nos
6 **A** vos **B** votre **C** vos **D** votre
7 **A** leur **B** leurs **C** leurs **D** leurs

MODULE 2 J'ARRIVE

2 À la maison

(Pupil's Book pages 28–29)

Main topics and objectives
- Describing where I live
- Naming five rooms

Other aims
- Reading for gist
- Using context and clues to interpret meaning

Key language
J'habite une grande/petite maison
un grand/petit appartement
Il y a le salon, la cuisine, la salle de bains, la salle à manger, la chambre, la douche

Resources
Cassette A, side 2
Cahier d'exercices, page 14
Feuille de travail 3, page 29
Grammaire 2, page 31
Skills 1–2, pages 33–34

1a Lis et écoute (AT3/4, AT1/4)

Reading. Pupils read Ludo's description of his house at the top of page 28 and listen to the tape.

Tapescript

Cher corres,
Voici une photo de notre maison.

C'est une grande maison. Elle est dans un quartier calme. Mes grands-parents habitent au rez de chaussée et nous habitons au premier étage.

En bas, au sous-sol, il y a la cave.

Au rez-de-chaussée, il y a l'appartement de Mamie et Papi. Ils ont une chambre, une salle de bain, une cuisine et un grand salon qui donne sur le jardin. Ce n'est pas grand mais c'est joli.

Au premier étage, nous avons la chambre de mes parents, une salle de bain, une grande cuisine avec coin-repas où nous mangeons, et un salon où nous regardons la télévision et un balcon où il y a des plantes.

Ma chambre est au deuxième étage. Je partage ma chambre avec mon frère. Nous avons une salle d'eau avec douche, une petite salle de jeux où nous faisons nos devoirs, écoutons de la musique ou jouons sur l'ordinateur.

1b Lis et trouve. Trouve les mots et les phrases dans le texte. (AT3/4)

Reading. Pupils look for words and phrases 1–8 in Ludo's letter.

Answers

1 au sous-sol 2 au rez-de-chausée 3 au premier étage
4 au deuxième étage 5 un quartier calme 6 (une) douche
7 une salle de jeux 8 je partage ma chambre

1c À tour de rôle. Pose les questions et donne les réponses. (AT2/4)

Speaking. Working in pairs, pupils take it in turns to ask and answer questions 1–5.

1d Que font-ils? Copie et complète les phrases. (AT4/3)

Writing. Pupils fill in the gaps for 1–8 with the nous form of the verb in brackets.

Answers

1 habitons 2 avons 3 dormons 4 faisons 5 regardons
6 mangeons 7 écoutons 8 jouons

2a Où habitent-ils? Ils y habitent depuis quand? Copie et complète la grille. (AT1/3)

Listening. Pupils copy and fill in the grid for the six speakers. Where does each person live? How long have they lived there?

Answers

1 un appartement/5 ans 2 une maison/2 ans 3 un appartement/10 ans 4 un appartement/plus de 10 ans
5 un petit appartement/6ans 6 une maison/8 ans

Tapescript

1 – Où habites-tu?
– Moi, j'habite un appartement dans un grand immeuble. Notre appartement est au deuxième étage.
– Tu y habites depuis quand?
– Depuis cinq ans.
2 – Et toi?
– J'habite une nouvelle maison.
– Et depuis quand y habites-tu?
– Nous y habitons depuis deux ans.
3 – Et toi? Où habites-tu?
– Nous avons un appartement dans un immeuble. Nous y habitons depuis dix ans.
4 – Où habites-tu?
– Moi … j'habite un grand immeuble et nous habitons au huitième. Nous y habitons depuis plus de dix ans.
5 – Et toi?
– Ben moi, j'habite un petit appartement au rez-de-chaussée et nous y habitons depuis euh … depuis six ans.
6 – Et toi?
– J'habite une maison en centre-ville et j'y habite depuis huit ans.

J'ARRIVE

MODULE 2

2b À deux. Questions et réponses. (AT2/4)

Speaking. Working in pairs, pupils take it in turns to ask and answer their partner's questions about where they live.

➕ Role Play: **Feuille de travail 3**. Pupils take it in turns to ask and answer their partner's questions.

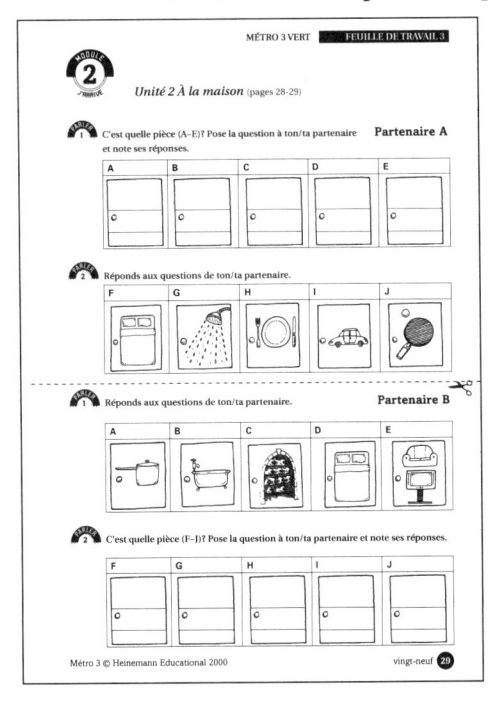

3 Dessine un plan de l'intérieur de la maison et décris-la. (AT4/3–4)

Writing. Pupils draw a plan of the inside of the house and describe it.

Cahier d'exercices, page 14

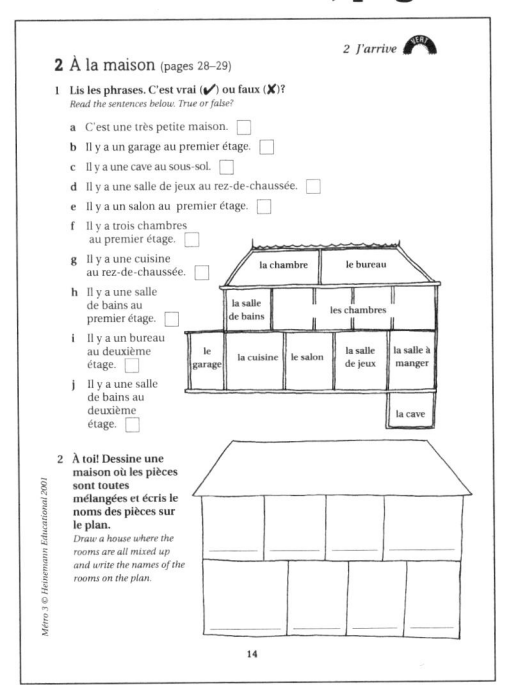

1 (AT3/2)

Answers

| a ✗ b ✗ c ✓ d ✓ e ✗ f ✗ g ✓ h ✓ i ✓ j ✗ |

2 (AT4/1–2)

Grammaire 2, page 31

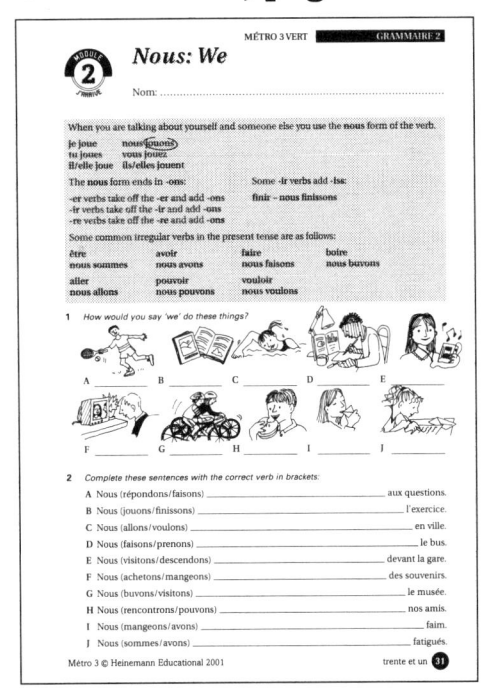

Answers

1 A Nous jouons au tennis. **B** Nous lisons des livres. **C** Nous nageons. **D** Nous faisons nos devoirs. **E** Nous écoutons de la musique. **F** Nous regardons la télévision. **G** Nous faisons du vélo. **H** Nous mangeons un burger. **I** Nous buvons de l'eau. **J** Nous écrivons une lettre.
2 A répondons **B** finissons **C** allons **D** prenons **E** descendons **F** achetons **G** visitons **H** rencontrons **I** avons **J** sommes

J'ARRIVE

MODULE 2

Skills 1, page 33

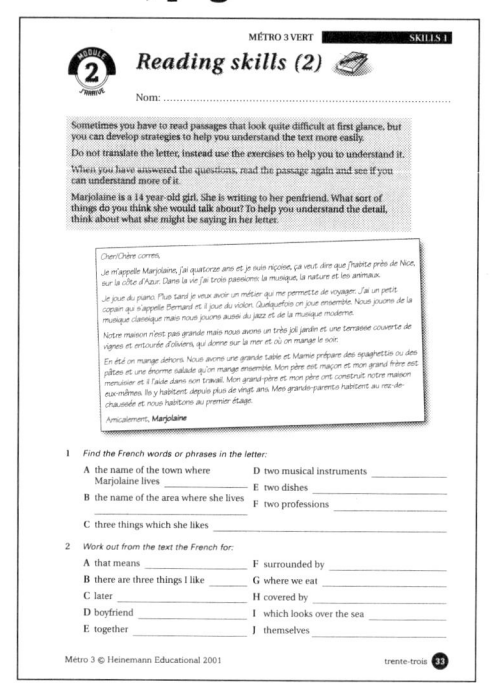

Answers

1 A Nice B la côte d'Azur C la musique, la nature et les animaux D piano, violon E spaghettis, pâtes et salade F maçon, menuisier
2 A ça veut dire B J'ai trois passions C plus tard D petit copain E ensemble F entourée de G où on mange H couverte de I qui donne sur la mer J eux-mêmes

Skills 2, page 34

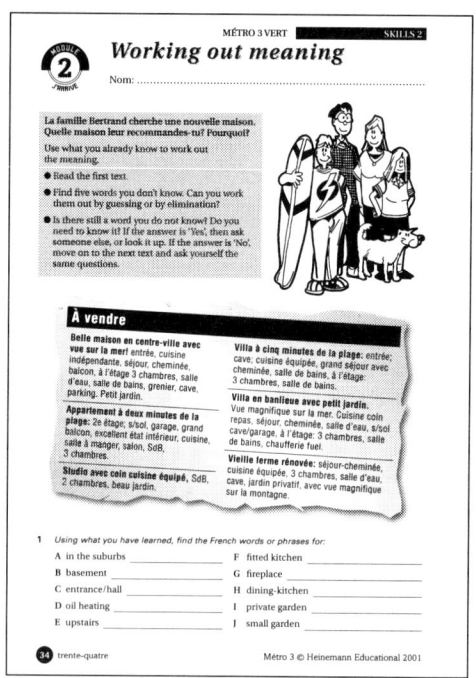

Answers

1 A en banlieue B s/sol C entrée D chaufferie fuel E à l'étage F cuisine équipée G cheminée H cuisine coin repas I jardin privatif J petit jardin

MODULE 2 J'ARRIVE

3 J'ai …?

(Pupil's Book pages 30–31)

Main topics and objectives
- Saying what is wrong
- Asking for something

Other aims
- Language for real purposes

Grammar
- Uses of *avoir*

Key language
j'ai faim/j'ai soif/j'ai froid/j'ai chaud/j'ai mal à la tête/j'ai besoin d'une serviette/ j'ai oublié mon shampooing/je suis fatigué(e)
Avez-vous du shampooing/un pull/de l'aspirine/une serviette pour moi/quelque chose à boire?
Est-ce que je peux avoir un sandwich/prendre une douche …?
Est-ce que je peux aller au lit?

Resources
Cassette A, side 2
Cahier d'exercices, page 15
Grammaire 3, page 32

1a Qui parle? (AT1/2)

Listening. Pupils listen to the tape and write down who is speaking.

Answers

| 1 Rachid 2 Clément 3 Antoine 4 Eléanore 5 Anthony |
| 6 Pauline 7 Agathe 8 Sylvie |

Tapescript

1 Oh zut, j'ai oublié mon shampooing.
2 J'ai chaud.
3 J'ai froid.
4 Je suis fatiguée.
5 Ah, j'ai soif.
6 J'ai besoin d'une serviette.
7 Oh, là, là, j'ai mal à la tête.
8 J'ai faim.

1b À deux. À tour de rôle. Que dites-vous? (AT2/2)

Speaking. Working in pairs, pupils take it in turns to look at the pictures and say what is wrong with them or what they need.

1c Lis et trouve. Qui parle? (AT3/2)

Reading. Pupils match the people with the speech bubbles.

Answers

| 1 Rachid 2 Antoine 3 Sylvie 4 Agathe 5 Clément |
| 6 Anthony 7 Pauline 8 Eléanore |

2a Écoute. Que veulent-ils? C'est qui? (AT1/3)

Listening. Pupils listen to the tape and write down the letter of what each person wants and who it is.

Answers

| 1 F, Sylvie 2 A, Clément 3 G, Eléanore 4 C, Pauline |
| 5 H, Antoine 6 B, Anthony 7 D, Agathe 8 E, Rachid |

Tapescript

1 Tu as faim? Veux-tu un sandwich au jambon ou au fromage?
2 Tu veux te laver? Bon, la douche est en face de la chambre.
3 Tu es fatiguée? Mais tu peux aller au lit, si tu veux.
4 Tu n'as pas de serviette, je vais t'en donner une.
5 Tu as froid? Tu peux emprunter un sweat de Nicolas, c'est une taille moyenne, ça te va?
6 Tu as soif? Préfères-tu un soda ou un chocolat chaud?
7 Tu as mal à la tête. Voilà des comprimés anti-douleur, ils sont comme des aspirines.
8 Tu as tout ce qu'il te faut. Il y a du shampooing dans la douche, c'est pour les cheveux secs, ça te va?

2b Jeu de rôle. (AT2/4)

Speaking. Working in pairs, pupils take it in turns to ask for something.

2c Que dis-tu? (AT2/2–3)

Writing. Pupils look at pictures A–F and write down what is wrong with each person, for example: *J'ai faim*. They then ask for something to help, for example: *Avez-vous un pull pour moi?*

J'ARRIVE

MODULE 2

Grammaire 3, page 32

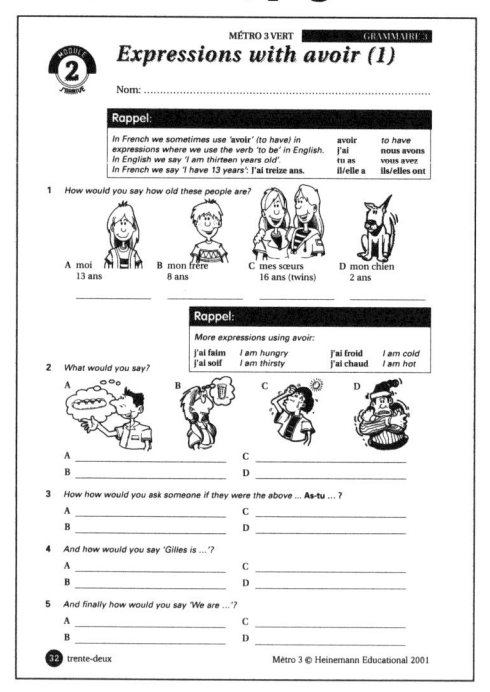

1 (AT)

Answers

1 **A** J'ai 13 ans. **B** Mon frère a 8 ans. **C** Mes sœurs ont 16 ans. **D** Mon chien a 2 ans.

2 **A** J'ai faim. **B** J'ai soif. **C** J'ai chaud. **D** J'ai froid.

3 **A** As-tu faim? **B** As-tu soif? **C** As-tu chaud? **D** As-tu froid?

4 **A** Gilles a faim. **B** Gilles a soif. **C** Gilles a chaud. **D** Gilles a froid.

5 **A** Nous avons faim. **B** Nous avons soif. **C** Nous avons chaud. **D** Nous avons froid.

Cahier d'exercices, page 15

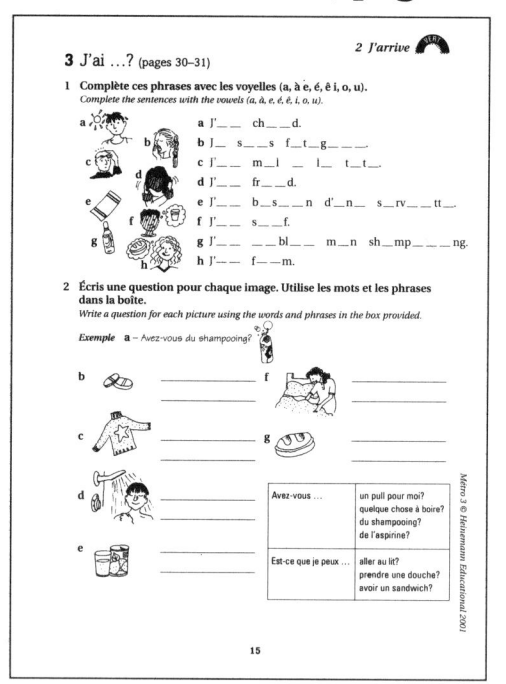

1 (AT4/2)

Answers

a J'ai chaud **b** Je suis fatiguée **c** J'ai mal à la tête **d** J'ai froid **e** J'ai besoin d'une serviette **f** J'ai soif **g** J'ai oublié mon shampooing **h** J'ai faim

2 (AT4/2)

Answers

a Avez-vous du shampooing? **b** Avez-vous de l'aspirine? **c** Avez-vous un pull pour moi? **d** Est-ce que je peux prendre une douche? **e** Avez-vous quelque chose à boire? **f** Est-ce que je peux aller au lit? **g** Est-ce que je peux prendre un sandwich?

MODULE 2 J'ARRIVE

4 Est-ce que tu peux...?

(Pupil's Book pages 32–33)

Main topics and objectives
- Asking someone to help
- Talking about jobs in the house

Other aims
- Pronunciation practice

Key language
Est-ce que tu peux mettre la table/débarrasser la table/vider le lave-vaisselle/passer l'aspirateur/ranger les afaires/faire le lit/sortir la poubelle?

Resources
Cassette A, side 2
Cahier d'exercices, page 16

1a Écoute et répète. Attention à la prononciation. (AT1/2)

Listening. Pupils listen to the tape and repeat the household jobs.

Tapescript
1 mettre la table
2 débarrasser la table
3 vider le lave-vaisselle
4 passer l'aspirateur
5 ranger les affaires
6 faire les lits
7 sortir la poubelle

1b C'est quelle tâche? (AT1/2)

Listening. Pupils listen to the tape and write down the letter of the job they hear (A–G).

Answers
1 C 2 D 3 E 4 A 5 B 6 F 7 G

Tapescript
1 – Tu peux m'aider à sortir les assiettes du lave-vaisselle, c'est gentil.
2 – (des bruits d'une aspirateur)
3 – Où est-ce que je mets les chaussettes?
 – Dans le tiroir!
4 – Où sont les fourchettes?
 – Dans le tiroir ...
5 – Et le ketchup ... ?
 – Dans le frigo.
6 – Aide-moi à faire les lits.
 – Si tu veux ...
7 – Je peux sortir ce soir?
 – Si tu sors la poubelle, tu peux sortir ce soir ...
 – Ah bon ...

1c Lis et trouve. C'est quelle tâche? (AT3/2)

Pupils read the sentences (1–6) and match each one to the appropriate picture (A–G).

Answers
1 E 2 B 3 F 4 C 5 D 6 G

2a À tour de rôle. Après la boum. (AT2/3)

Speaking. Working in pairs, pupils take it in turns to ask for help, for example: *Est-ce que tu peux passer l'aspirateur?*

2b Remplis les blancs. (AT4/2)

Writing. Pupils fill each blank with the appropriate word from the box.

Answers
1 passer 2 lave-vaisselle 3 table 4 sortir 5 préfère
6 est-ce que 7 peux 8 affaires 9 Ah non 10 débarrasser

2c Après la boum. Qu'est-ce que tu dis? (AT2/2)

Writing. Pupils write down what each person needs to do to help clear up after the party, for example: *Stéphanie, est-ce que tu peux mettre la table?*

Cahier d'exercices, page 16

1 (AT4/2)

Answers
vider le lave-vaisselle; mettre la table; passer l'aspirateur; ranger les affaires; sortir la poubelle; mettre la table; faire le lit; passer l'aspirateur; débarrasser la table; sortir la poubelle

45

5 Mettons la table!

(Pupil's Book pages 34–35)

MODULE 2 — J'ARRIVE

Main topics and objectives
- Laying the table

Other aims
- Pronunciation practice
- Dealing with the unpredictable

Key language

le couteau, la cuillère, la petite cuillère, la fourchette, l'assiette (f), le sel, le poivre, le verre, le bol, la bouteille d'eau, la tasse, la soucoupe
Il me faut
Il te faut

Resources

Cassette A, side 2
Cahier d'exercices, page 17

1a Écoute et répète. Attention à la prononciation. (AT1/1)

Listening. Pupils listen to the tape and repeat the words.

Tapescript

le couteau
la cuillère
la petite cuillère
la fourchette
l'assiette
le sel
le poivre
le verre
le bol
la bouteille d'eau
la tasse
la soucoupe

1b Trouve la lettre qui correspond. (AT3/2)

Reading. Pupils match the speech bubbles (1–10) with the appropriate picture (A–L).

Answers

1F 2G 3K 4I 5A 6C 7J 8D 9L 10B

1c Écoute et note. Il n'y a pas de …? (AT1/3)

Listening. Pupils listen to the tape and note down what is missing.

Answers

1 6 cuillères 2 6 fourchettes 3 5 bols 4 3 verres 5 1 bouteille d'eau 6 2 assiettes 7 2 tasses/1 petite cuillère

Tapescript

1 – Qu'est-ce qu'il te faut?
 – Il n'y a pas de cuillères.
 – Combien il t'en faut?
 – Six.
2 – Il y a un problème?
 – Oui, il n'y a plus de fourchettes.
 – Combien il t'en faut?
 – Six.
3 – Tu as tout ce qu'il te faut?
 – Non, nous avons un seul bol.
 – Combien il t'en faut?
 – Cinq.
4 – Est-ce qu'il y a encore des verres?
 – Euh oui, attends, je vais en chercher.
 – Combien il t'en faut?
 – Trois.
5 – Qu'est-ce qu'il te faut maintenant?
 – Je ne trouve pas la bouteille d'eau.
6 – As-tu assez d'assiettes?
 – Non, il m'en faut … euh … encore deux.
7 – C'est tout?
 – Non, il me faut deux tasses et une petite cuillère, voilà. C'est tout.

1d Il me faut …Copie et complète la liste. (AT4/2)

Writing. Pupils use the information from activity 1c to write down what is missing.

Answer

6 cuillères, 6 fourchettes, 5 bols, 3 verres, 1 bouteille d'eau, 2 assiettes, 2 tasses, 1 petite cuillère

2a Où sont-ils? (AT4/2)

Writing. Pupils write down where each of the items is to be found, for example: *La bouteille d'eau est dans le frigo*. Note that there are many possible answers.

2b Jeu de rôle. (AT2/3)

Speaking. Role-play: pupils ask their partner where various items are to be found, for example: *Où sont les couteaux? Ils sont dans le tiroir*.

3 Tu mets la table pour le dîner. Qu'est-ce qu'il te faut? (AT4/2)

Writing. Pupils write down what is missing from the table (shown by the pictures).

J'ARRIVE

MODULE 2

Memory game: Put items of cutlery and crockery onto a tray and cover it with a cloth. Ask pupils to shut their eyes. Remove a couple of items from the tray. Remove the cloth and ask pupils to open their eyes. Can they guess which items have been removed? Ask the pupil who has guessed correctly to come up and remove another couple of items, and so on, until there is nothing left on the tray.

Cahier d'exercices, page 17

1 (AT3/1)

Answers

P	J	F	E	I	D	R	V	L
A	S	S	I	E	T	T	E	F
I	O	J	E	M	E	B	R	O
N	U	P	R	E	N	O	R	U
E	C	S	M	A	R	L	E	R
C	O	U	T	E	A	U	Y	C
C	U	I	L	L	E	R	E	H
J	P	B	O	T	A	S	S	E
S	E	L	D	C	O	F	E	T
P	I	N	U	J	R	I	N	T
O	M	E	P	O	I	V	R	E

2 (AT4/2–3)

47

MODULE 2 J'ARRIVE

Bilan et Contrôle révision

(Pupil's Book page 36–37)

Bilan

This is a checklist of language covered in Module 2. There is a **Bilan** sheet for Module 2 in the **Resource and Assessment file** (page 38). Partners can test each other and tick off and initial the first row of boxes. The second row of boxes is for the teacher to initial and the space below is for comments.

Contrôle révision

A revision test for the test itself at the end of the module.

Resources

Cassette A, side 2
Cahier d'exercices, pages 18–19

---

1 Qui habite dans quelle maison? Il/Elle y habite depuis quand? (AT1/3)

Listening. Pupils listen to the tape and write down where each person lives and how long they have lived there.

Answers

> 1 Sylvie, D, 10 ans 2 Florian, C, 1 an 3 Paul, B/E, depuis toujours 4 Julie, B/E, 11ans 5 Aissata, A, 6 mois

Tapescript

1 – Décris-moi ta maison, Sylvie,
 – C'est une grande maison dans un quartier calme. Nous habitons au rez-de-chaussée et mes grands-parents habitent au premier étage.
 – Et tu y habites depuis quand?
 – Depuis dix ans.
2 – Et ta maison est comment, Florian?
 – C'est une petite maison avec un grand jardin. Ma chambre est au deuxième étage.
 – Et tu y habites depuis quand?
 – Depuis un an.
3 – Et ta maison, Paul?
 – Notre appartement est au huitième étage. Nous avons deux balcons.
 – Et tu y habites depuis quand?
 – Depuis toujours.
4 – C'est comment chez toi, Julie?
 – C'est un petit appartement au deuxième étage. Nous avons un grand balcon.
 – Et tu y habites depuis quand?
 – Depuis 11 ans.
5 – Et chez toi, Aïssata?
 – C'est une grande maison avec un balcon et un garage. Le jardin n'est pas grand.
 – Et tu y habites depuis quand?
 – Depuis six mois.

2 Trouve la bulle qui correspond et la phrase qui complète le texte. (AT3/2)

Reading. Pupils match a speech bubble and then a sentence (1–8) to each picture (A–H).

Answers

> A J'ai soif; 4 B J'ai froid; 3 C Je suis fatiguée; 6 D J'ai oublié ma serviette; 2 E J'ai faim; 8 F J'ai mal à la tête; 5 G J'ai besoin du shampooing; 1 H J'ai chaud; 7

3 Ton/ta partenaire veut aider à la maison. Que dis-tu? (AT2/2)

Speaking. Working in pairs, pupils ask their partner to help them with some household jobs, for example: *Est-ce que tu peux passer l'aspirateur?*

4 Décris ta famille. Comment s'appellent-ils? Ils ont quel âge? Que font-ils? (AT4/3)

Writing. Pupils describe their family. What are their names? How old are they? What do they do?

Answers

> Henri, 62, menuisier; Sophie, 60, professeur; Paul, 41, informaticien; Émilie, 40, coiffeuse; Gérard, 19, mécanicien; Véronique, 17, étudiante

Cahier d'exercices, pages 18–19

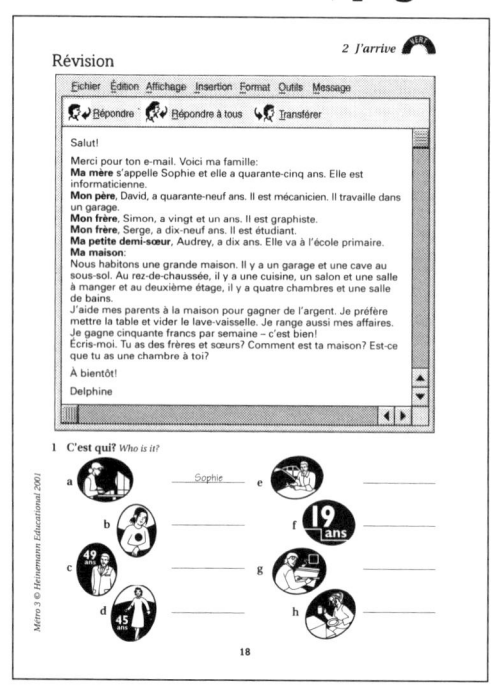

48

J'ARRIVE

MODULE 2

2 Trouve dans le texte:
Find the following in the text:

a quatre âges

b trois membres de la famille

c quatre emplois (jobs)

d trois pièces (rooms)

e trois expressions pour aider à la maison (jobs around the house)

3 Vrai (✔) ou faux (✘)?
True or false?

a Delphine a trois frères.
b Son père est graphiste.
c Simon est graphiste.
d Ils habitent une petite maison.
e Delphine gagne 50 francs.
f Sa mère s'appelle Sophie.
g Simon a 20 ans.
h Serge a 19 ans.
i Il y a 3 chambres.
j Delphine met la table et sort la poubelle.

EXTRA! Écris une petite lettre à Delphine. Décris ta famille et ta maison. (Invente si tu veux).
Write a letter to Delphine. Describe your family and your house. (Make it up if you like).

Salut!
Merci pour ton e-mail. Je vais te décrire ma famille. Il y a …
Nous habitons …

---

1 (AT3/4)

Answers

a Sophie (sa mère) b Audrey (sa demi-soeur) c David (son père) d Sophie (sa mère) e David (son père) f Serge (son frère) g Simon (son frère) h Delphine

2 (AT3/4)

Answers

a 45, 49, 21, 19 b mère, père, frère c informaticienne, mécanicien, graphiste, étudiante d une cuisine, un salon, une salle à manger, une salle de bains e mettre la table; vider le lave-vaisselle; ranger mes affaires

3 (AT4/4)

Answers

a ✘ b ✘ c ✔ d ✘ e ✔ f ✔ g ✘ h ✔ i ✘ j ✘

Grammaire

(Pupil's Book pages 38–39)

This section provides more explanation and practice of the main grammatical points covered in the module.

Resources

Cahier d'exercices, pages 20–21

1 How to say 'my', 'your', 'his', and 'her'

Answers

1 a mon b ma c mes d mon e ma f mes g mon h ma i mes j mon k ma l mes
2 a ton b ta c tes d ton e ta f tes g ton h ta i tes j ton k ta l tes
3 a son b sa c ses d son e sa f ses g son h sa i ses j son k sa l ses

2 Talking about jobs

2 Il est … A infirmier B maçon C étudiant D menuisier E médecin

Elle est … F infirmière G coiffeuse H informaticienne I mécanicienne J cuisinière

3 Talking about 'we' do

Answers

Nous … A regardons la télé B écoutons de la musique C dormons D mangeons E buvons F écrivons G lisons H faisons nos devoirs

4 Singular and plural

Answers

A deux gâteaux B deux filles C deux bateaux D deux garçons E deux oiseaux F deux châteaux

Cahier d'exercices, page 20

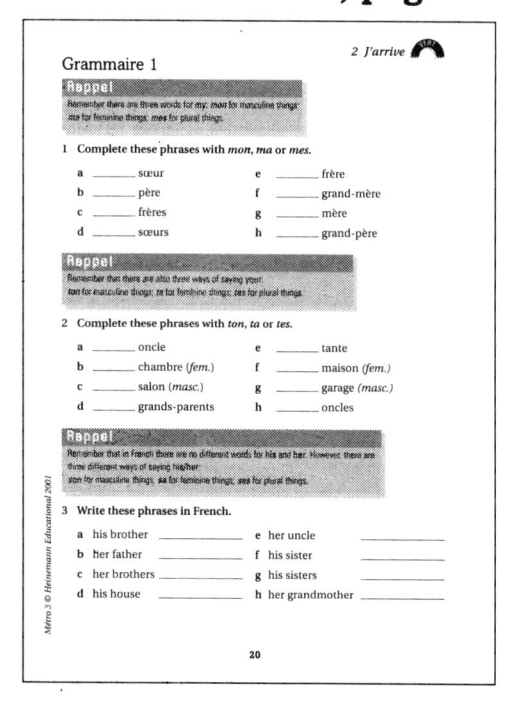

Answers

1 a ma b mon c mes d mes e mon f ma g ma h mon
2 a ton b ta c ton d tes e ta f ta g ton h tes
3 a son frère b son père c ses frères d sa maison e son oncle f sa sœur g ses sœurs h sa grand-mère

Cahier d'exercices, page 21

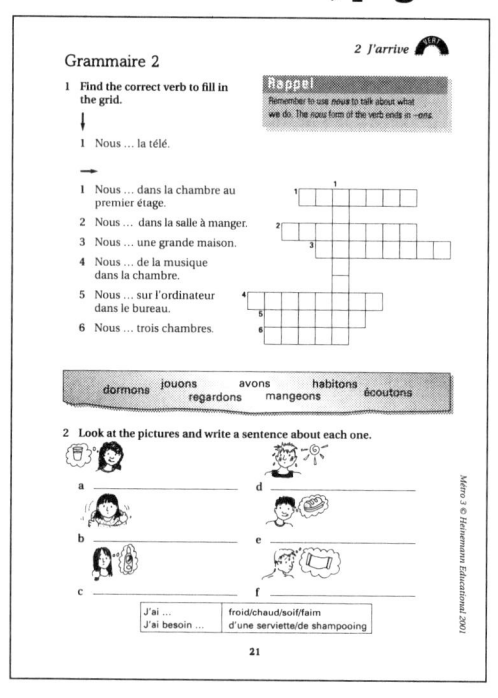

J'ARRIVE

MODULE 2

Answers

1

```
    ¹d o ²r m o n s
        e
  ²m a n g e o n s
      ³h a b i t o n s
        r
        d
⁴é c o u t o n s
  ⁵j o u o n s
  ⁶a v o n s
```

2

Answers

a j'ai soif **b** j'ai froid **c** j'ai besoin du shampooing **d** j'ai chaud **e** j'ai faim **f** j'ai besoin d'une serviette

MODULE 2 J'ARRIVE

En Plus
(Pupil's Book pages 40–43)

Main topics and objectives
- Describing who you are
- Talking about your family, town, hobbies

Other aims
- Learning how to use a Francophone website

Key language
je m'appelle, j'ai ..., je suis ..., j'habite ..., j'y habite depuis ..., je me passionne pour ..., ce que je n'aime pas c'est ..., c'est une ville (touristique), il y a ..., j'aime parce que (c'est calme), je n'aime pas parce que (il y a trop de monde)

Resources
Cassette A, side 2
Cahier d'exercices, page 22
Skills 3, page 35

1a Lis et écoute. (AT3/3, AT1/3)

Reading. Pupils read the website page *Qui suis je?* and listen to the tape.

Tapescript
Je m'appelle Gérard. J'ai treize ans et j'habite à Québec. Je suis québécois. J'y habite depuis dix ans. Je me passionne pour le sport, surtout pour le hockey sur glace, le cinéma, l'informatique et les filles. Ce que je n'aime pas c'est mon petit frère, la natation et les spaghettis!

1b Lis et trouve. (AT3/3)

Reading. Pupils answer questions 1–4.

Answers
1 13 2 à Québec 3 depuis 10 ans 4 il aime: le sport (surtout le hockey sur glace), le cinéma, l'informatique et les filles; il n'aime pas: son petit frère, la natation, les spaghettis

1c Écris le texte pour ton site. Qui suis-je? (AT4/4)

Writing. Pupils write a piece about themselves for a website page.

1d Enregistre ton texte.

Speaking. Pupils record their text.

2a Lis et écoute. (AT3/4, AT1/4)

Reading. Pupils listen to the tape and look at the website page *Ma famille*.

Tapescript
Mon père est hôtelier et restaurateur. Il s'appelle Guillaume. Ma mère travaille dans l'hôtel et mon père travaille dans le restaurant. Elle s'appelle Anna.

Mes grands-parents, Pierre et Véronique, habitent une ferme à quinze kilomètres de la ville de Québec. Ils ont des vaches et des pommiers.

J'ai un petit frère, qui s'appelle Serge. Il m'énerve tout le temps parce qu'il vient toujours dans ma chambre quand j'ai invité des amis. J'ai aussi une grande sœur, Sybille, qui aide mes parents dans le restaurant. Le week-end elle sort avec son petit copain Gilles. Gilles est électricien et il a une moto. J'ai un chien qui s'appelle Java.

2b Lis et trouve. Comment s'appellent-ils? (AT3/4)

Reading. Pupils name each member of the family (labelled A–F in the picture).

Answers
A Giles B Guillaume C Anna D Gerard E Java F Serge
G Sybille

2c Fais le texte pour ta page: Ma famille. (AT4/4)

Writing. Pupils write about their own family for the website page.

2d Enregistre ton texte. (AT2/4)

Speaking. Pupils record the text about their family.

3a Lis et écoute. (AT3/4, AT1/4)

Reading. Pupils listen to the tape and look at the website page *Ma ville*.

Tapescript
J'habite à Québec. C'est une grande ville commerciale. La ville se trouve en province du Québec au Canada. La ville est située au bord du fleuve, le St. Laurent.

C'est une ville historique et pittoresque. Il y a ...
- *la Citadelle, qui est située sur une hauteur et qui domine le fleuve.*
- *le château Frontenac, qui est un grand hotel avec des magasins dans l'hôtel.*
- *le port, c'est un port commercial avec des bateaux de partout dans le monde.*
- *le pont pour traverser le fleuve.*
- *le quartier Champlain avec des cafés et des petites boutiques.*
- *le centre commercial avec les grands magasins.*

J'aime habiter à Québec parce que c'est une très belle ville avec beaucoup de parcs. J'aime l'ambiance. Ce que je n'aime pas c'est la pollution.

J'ARRIVE

MODULE 2

3b Lis et trouve un titre pour chaque photo. (AT3/4)

Reading. Pupils find a caption for the two photos.

Answers

le château Frontenac (left) le quartier Champlain (right)

3c Qui aime habiter à Québec? Pourquoi? (AT3/4)

Listening. Pupils listen to the tape and write down who likes/dislikes living in Quebec and their reasons.

Answers

1 Denis, oui, une ambiance très cosmopolite
2 Bernadette, non, c'est trop calme 3 Yann, oui, il y a beaucoup de choses à faire 4 Caroline, oui, c'est cosmopolite 5 Mathieu, non, il y a trop de monde
6 Janine, non, il y a trop d'industrie et de pollution

Tapescript

– Aimes-tu habiter ici Denis?
– Oui, j'aime bien, il y a des gens de partout dans le monde, il y a une ambiance très cosmopolite.
– Et toi, Bernadette?
– Ah non, je n'aime pas, c'est trop calme. Je préfère habiter à Montréal. C'est une ville plus grande et active. Québec, c'est trop calme.
– Yann, tu aimes habiter à Québec?
– Oui, j'aime bien. C'est une ville où il y a beaucoup de choses à faire et on est près du fleuve, c'est intéressant.
– Et toi, Caroline?
– Oui, j'aime bien: c'est une ville historique, c'est cosmopolite, c'est très français, on est au Canada mais on mange des croissants et des baguettes.
– Et Mathieu?
– Non, je n'aime pas. Il y a trop de monde. Je préférerais habiter à la campagne.
– Et toi, Janine?
– Non, je n'aime pas, il y a trop d'industrie et de pollution.
– Je préférerais habiter dans un village.

3d Écris ton texte. Ma ville. (AT4/4)

Writing. Pupils write about where they live for the website page.

3e Enregistre ton texte. (AT2/4)

Speaking. Pupils record their text.

4a Mes copines. Copie et complète la grille. (AT1/4–5)

Listening. Pupils copy and fill in the grid. Note that the answers for the columns 'minus' and 'plus' relate to the girls' suitability as girlfriends. They are quite open-ended so only suitable for some pupils. Other pupils should just copy the first four columns.

Answers

nom	loisirs	musique	n'aime pas	plus	minus
Charlotte	balades à vélo	folk, traditionnelle	le tennis	j'aime faire du vélo	elle a déjà un petit copain
Véronique	hockey sur glace, l'équitation	Rap	la natation	elle est jolie	elle n'aime pas l'eau
Patricia	tennis, de la planche à voile, jouer du piano	classique, le rock, le jazz	le hockey sur glace	elle est très mignonne et très jolie	elle n'aime pas le hockey sur glace
Rebecca	du ski, la natation	–	les pizzas	charmante, sportive	elle sort déjà avec Julien

Tapescript

Voici les filles de ma bande.

Charlotte, CHARLOTTE. C'est la petite copine d'Axel. Elle joue très bien de la guitare et elle chante aussi. Elle aime la musique folk et traditionnelle. Elle n'est pas sportive, elle déteste le tennis, mais elle fait des balades à vélo, et j'aime faire du vélo moi aussi. On pourrait faire des balades à vélo ensemble, mais elle a déjà un petit copain.

Véronique … V É R O N I Q U E … oui, elle est très jolie. Je l'aime bien, moi. Je veux sortir avec elle, elle est fana de hockey sur glace … tu sais le hockey où on joue sur glace. J'en fais moi … elle joue très bien … et elle fait de l'équitation. Elle a un cheval. Elle habite une ferme. Elle aime le Rap mais elle n'aime pas l'eau, et elle déteste la natation et moi j'aime faire du canoë … et je n'aime pas les chevaux.

Bon, dans la bande il y aussi Patricia P A T R I C I A. Elle est très sportive. Elle joue très bien au tennis et elle fait de la planche à voile. Elle aime la musique classique, le rock et le jazz et elle joue du piano. Elle n'aime pas le hockey sur glace, mais elle est très mignonne … Elle est très jolie et je l'aime bien.

Et finalement il y a Rebecca. R E B E C C A. Elle est charmante. Elle rigole tout le temps. Elle est très sportive. Elle fait du ski comme un champion et elle nage comme un champion. Je l'aime aussi, et je voudrais sortir avec elle, mais elle sort déjà avec Julien … et elle n'aime pas les pizzas … dommage!

4b Qui écrit? (AT3/4–5)

Reading. Pupils write down who has written the letters.

Answers

(left to right) Charlotte, Rebecca, Véronique (above), Patricia (below)

J'ARRIVE

MODULE 2

4c Discutez. Choisis une petite copine pour Gérard. (AT2/3–5)

Speaking. Ask pupils to discuss, from the information they have just found out, who would make a suitable girlfriend for Gérard.

4d Quelle sorte de personne est Sylvestre? Choisis une petite copine pour Sylvestre. (AT4/4)

Writing. Pupils write down what sort of person Sylvestre is (by looking at the pictures describing his likes and dislikes) and who would make a suitable girlfriend for him.

Suggested answers

Patricia (she likes windsurfing) or Rebecca (she likes skiing)

5 Choisis un thème et prépare ton site web.

Writing. Ask pupils to choose one of the four topics to write about for a webpage.

Cahier d'exercices, page 22

Skills 3, page 35

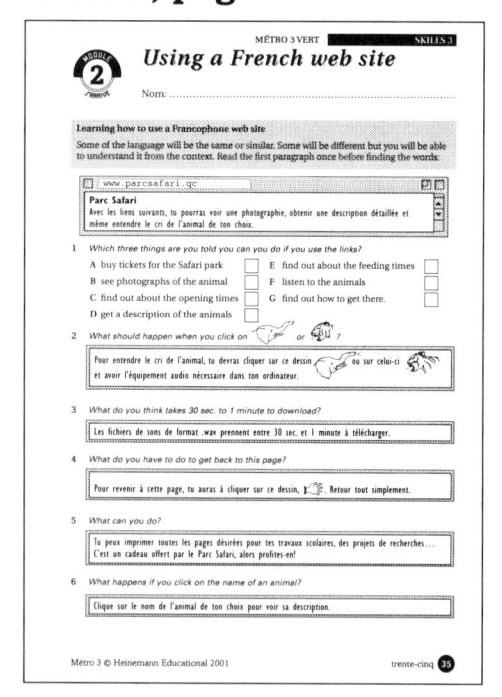

(AT3/4–5)

Answers

1 B, D, F **2** You should hear the animals. **3** The sound files **4** You have to click on the picture of the hand. **5** You can print out any of the pages for your school or research projects. **6** You will see a description of the animal.

Module 2 — À toi

(Pupil's Book pages 128–129)

- Self-access reading and writing at two levels.

A Reinforcement

1 Trouve la photo qui correspond. (AT3/3)

Reading. Pupils match the photos with the descriptions (1–6).

Answers

1E 2A 3D 4C 5F 6B

2 Où habitent-ils? (AT3/3)

Reading. Pupils match the descriptions of the houses with the pictures (A–C).

Answers

A Adrien B Luc C Laurent

3 Où habites-tu? C'est comment? (AT4/3)

Writing. Pupils look at the two sets of pictures and describe them.

B Extension

1 Trouve l'image qui correspond. (AT3/2)

Reading. Pupils match the six descriptions with the pictures (A–F).

Answers

A5 B1 C6 D3 E4 F2

2 Trouve la bonne réponse à chaque question. (AT3/3)

Reading. Pupils match the questions (1-6) with the answers (A–F).

Answers

1B 2A 3F 4C 5E 6D

3 Est-ce que tu peux …? Que dis-tu? (AT4/2–3)

Writing. Can you help with with the household chores? Pupils write down what they do (looking at pictures A–G).

Module 3: Programme de la visite

(Pupil's Book pages 46–65)

Unit	Main topics and objectives	PoS	Grammar and key language
1 Le week-end (pp. 46–47)	Naming the days of the week Naming the times of the day Asking what you are going to do Talking about what you are going to do	1b apply grammar 2i summarise and report 2g deal with the unpredictable	*lundi, mardi, mercredi, jeudi, vendredi, samedi, dimanche* *le matin, l'après-midi, le soir* *Tu vas aller au château* *Tu vas faire une balade à vélo/les magasins/un pique-nique/du kayak* *Tu vas jouer au volleyball/à des jeux vidéo* *Aller* + infinitive
2 On va … (pp. 48–49)	Talking about where you are going to go	2f adapt learned language 3b interpret meaning 4a authentic materials	*On va aller à (Alton Towers) et on va aller/faire/visiter/voir …* *un parc aquatique, un site aéronautique, le planétarium, une ferme du XIXe siècle, une réserve africaine, une grande ville fortifiée* *au, à la, aux*
3 Où est la poste, s'il vous plaît? (pp. 50–51)	Naming places in a town and asking where they are Telling someone where they are Saying how to get there Asking if it is far Saying how far it is	2a listen for gist and detail 2e vary language	*la gare routière, la librairie, la piscine, la poste, la gare, le cinéma, la pharmacie* *Où est …?* *C'est dans la rue/sur la place/le boulevard* *Pour aller au cinéma …* *vous prenez la première/deuxième rue à gauche/droite vous allez tout droit* *vous traversez le pont/la place/la rue* *vous prenez le bus* *C'est loin d'ici?* *C'est à (cinq) minutes d'ici. On peut y aller à pied/Il faut prendre le bus* Using *vous*
4 Une visite chez nous (pp. 52–53)	Asking about what you are going to do Talking about what you are going to do	1c use of a range of vocab/structures 2e vary language	*Tu vas/Vous allez aller au collège/à la piscine/dans un parc d'attractions visiter la ville/un musée/la cathédrale faire une balade à vélo/du shopping/un pique-nique/du canoë jouer au tennis/badminton/volleyball/football déjeuner à la cantine/chez moi/en ville/chez mon copain* *prendre le car/le bus/le train* *rentrer à …h* *rester à la maison* *Tu vas* + infinitive
5 En ville (pp. 54–55)	Naming shops and things you can get from them Giving directions to a friend	5a communicate in pairs, etc.	*la pharmacie, le marchand de chaussures, la boutique, la librairie, le photographe* *des piles, du rouge à lèvres, une carte d'anniversaire, un tee-shirt, des baskets, une pellicule, du mascara, des cartes postales, un sweat, des chaussettes* *Tu sors de la maison et tu tournes à gauche/droite* *Tu descends/montes la rue jusqu'au carrefour/à l'arrêt de bus/aux feux* *Il faut* + infinitive Prepositions: *sur, dans, devant*

PROGRAMME DE LA VISITE

MODULE 3

Unit	Main topics and objectives	PoS	Grammar and key language
Bilan et Contrôle révision (pp. 56–57)	Pupil's checklist and practice test	**3a** memorising	
Grammaire (pp. 58–59)	Grammar points and exercises	**1b** apply grammar	
En plus: Une excursion (pp. 60–63)	Optional extension unit	**1c** use of a range of vocab/ structures **5g** listening and reading for personal interest	
À toi! (pp. 130–131)	Self-access reading and writing at two levels	**3c** independence in learning	

1 Le week-end

(Pupil's Book pages 46–47)

Main topics and objectives
- Naming the days of the week
- Naming the times of the day
- Asking what you are going to do
- Talking about what you are going to do

Other aims
- Summarising

Grammar
- Le futur proche

Key language
lundi, mardi, mercredi, jeudi, vendredi, samedi, dimanche
le matin, l'après-midi, le soir
Tu vas aller au château
Tu vas faire une balade à vélo/les magasins/ un pique-nique/du kayak
Tu vas jouer au volleyball/à des jeux vidéo

Resources
Cassette B, side 1
Cahier d'exercices page 23
Grammaire 1, page 50

1a Lis et écoute. (AT3/4–5, AT1/4–5)

Listening. Pupils listen to the tape and read the text on page 46.

Tapescript

– Qu'est-ce que je vais faire demain, Delphine?
– Bon demain, c'est samedi et tu vas rester 'en famille', c'est-à-dire que tu vas rester avec moi. D'abord tu vas faire les magasins, puis tu vas retrouver les autres et on va déjeuner au snack ensemble.
– Et l'après-midi?
– À deux heures et demie tu vas jouer au volley au terrain de sport du collège.
– Et le soir?
– Le soir il y a une boum chez Mélissa. Elle a un grand jardin, et son père va faire un barbecue.
– Cool! Et dimanche?
– Dimanche, c'est toujours 'en famille'. Le matin tu vas faire la grasse matinée.
– La grasse matinée, qu'est-ce que c'est?
– Tu restes au lit jusqu'à dix heures et puis tu prends le petit déjeuner vers onze heures.
– Et après le petit déjeuner?
– Puis tu vas aller chez mes grands-parents avec moi.
– Où habitent-ils?
– Ils habitent à la campagne. Tu vas déjeuner chez eux. Après le déjeuner tu vas faire une balade à vélo avec moi. Tu aimes faire du vélo?
– Oui, j'aime bien.

1b C'est quel jour? C'est le matin, l'après-midi ou le soir? (AT3/4)

Reading. Pupils look at pictures A–G and write down the day they and the time of day.

Answers
A dimanche/l'après-midi B samedi/le matin C samedi/le matin D dimanche/le matin E samedi/l'après-midi F dimanche/le matin G samedi/le soir

1c Qu'est-ce que tu vas faire en France ce week-end? À deux. Interviewe ton/ta partenaire. (AT2/4–5)

Speaking. Working in pairs, pupils interview their partner about what they will do in France this weekend, for example: *Qu'est-ce que tu vas faire samedi matin? Samedi matin je vais rester en famille.*

2a Qu'est ce que Ian va faire? Copie et complète la grille. (AT1/4–5)

Listening. Pupils copy the grid, listen to the tape and write down the appropriate letters to show what Ian is going to do on Saturday and Sunday.

Answers
Samedi: matin C; après-midi B; soir E
Dimanche: matin F,H,D; après-midi A; soir G

Tapescript

Ce que tu vas faire demain? Bon demain, c'est samedi et ... euh oui ... Tu vas jouer au foot ... tu aimes jouer au foot, toi? Bon, tu vas retrouver les autres au terrain de sport ... au collège à ... dix heures ... et après le foot tu vas manger en ville,... au snack tu sais, tu manges des burgers? Bon ... et l'après-midi tu vas faire une balade à vélo dans la forêt avec Gilles. Tu fais du vélo? Oui, avec Gilles et son copain, et le soir tu vas jouer à des jeux vidéo chez Maurice, tu connais?

Et le dimanche? Euh ... Bon ... Dimanche tu vas ... à la campagne.

Le matin tu vas aller au château Bellegarde ... le matin, c'est à dire après le petit déjeuner et tu vas faire la grasse matinée ... bon tu vas te lever vers dix heures et puis tu vas chercher les croissants avec moi... et puis tu, euh ... bon

PROGRAMME DE LA VISITE

MODULE 3

tu sais … tu vas visiter le château … château, tu sais ce que c'est … euh castle … big castle … et tu vas faire un pique-nique avec ma famille … les sandwichs … dans le parc. Puis tu vas faire du kayak sur le lac … tu fais du kayak, toi? Et puis le soir tu vas manger au restaurant avec nous.

2b Écris un résumé pour Ian. (AT4/4)

Writing. Pupils write a summary about Ian.

Cahier d'exercices, page 23

1 (AT3/3)

Answers

	samedi matin	samedi après-midi	samedi soir
Anne-Laure	i	c	g
Thomas	h	a	d
Benjamin	f	b	e
Moi			

2 (AT4/3)

Grammaire 1, page 50

Answers

1 A Je vais aller en ville/acheter des CD/manger au Quick. **B** Je vais aller à la piscine. **C** Je vais aller au cinéma. **D** Je vais faire la grasse matinée/faire du vélo. **E** Je vais faire une promenade/manger au restaurant. **F** Je vais aller au collège. **G** Je vais jouer au football.

MODULE 3

2 On va

Pupil's Book pages 48–49

Main topics and objectives
- Talking about where you are going to go

Other aims
- Gist reading
- Using authentic materials

Grammar
- *à, au, à la, aux*

Key language
On va aller à (Alton Towers) et on va aller/faire/visiter/voir …

un parc aquatique
un site aéronautique
le planétarium
une ferme du XIXe siècle
une réserve africaine
une grande ville fortifiée

Resources
Cassette B, side 1
Cahier d'exercices, page 24
Grammaire 2, page 51
Grammaire 5, page 54
Skills 1, page 55

1a C'est quel site touristique? (AT3/4)

Reading. Pupils match the descriptions (1–6) with the pictures (A–F).

Answers

A4 B1 C5 D2 E6 F3

1b Lis et trouve. (AT3/4–5)

Reading. Pupils find the words and phrases.

Answers

1 dans une ambiance tropique 2 piscines à vagues 3 une découverte de l'espace 4 une fusée 5 le plus grand site aéronautique 6 un tour extérieur 7 authentique ferme 8 XIXe siècle 9 une réserve africaine 10 remparts

1c Copie et complète le programme. Selon Patrice, c'est comment? (AT1/4)

Listening. Pupils copy the programme at the top of page 49 including days from lundi to samedi. They then listen to the tape and fill it in. Pupils draw a 'smiley' or a 'sad' face to indicate what Patrice thinks about each place.

Answers

lundi	la Cité de l'espace	☺
mardi	l'Ecomusée	☺
mercredi	Aqualand	☺
jeudi	Carcassonne	☹
vendredi	Plaisance du Touche	☹
samedi	Taxiway	☹

Suggestion
Use **Cahier d'exercices page 24** to see how much pupils have remembered about the places.

Tapescript

– Qu'est-ce qu'on va faire demain?
– Lundi on va à la Cité de l'espace. C'est super. Il y a toutes sortes de choses à voir. Il y a une fusée Ariane et il y a un planétarium. C'est vachement bien.
– Mardi on va à l'Écomusée. C'est une vieille ferme à la campagne. C'est très intéressant.
– Mercredi on va à Aqualand. C'est une sorte de parc d'attractions aquatique avec des piscines et des toboggans. C'est super cool.
– Jeudi on va à Carcassonne. C'est une grande ville fortifiée. C'est intéressant mais normalement il y a plein de touristes et je n'aime pas.
– Vendredi on va à Plaisance du Touche. C'est un parc safari avec beaucoup d'animaux. On va y faire un pique-nique, c'est ennuyeux.
– Samedi on va à Taxiway. C'est là où on fabrique l'Airbus, c'est intéressant si on aime les avions, mais pour moi c'est nul.

2a Lis et trouve. C'est quel site? (AT3/3)

Reading. Pupils match the descriptions (1–6) with the appropriate places.

Answers

1 Alton Towers 2 Jorvik Viking 3 York walls 4 Knowsley Safari 5 Kenilworth Castle 6 Sea Life Centre

➕ Ask pupils what they will see and do at each place.

2b À tour de rôle. Explique à ton corres Olivier, où l'on va aller et ce qu'on va faire. (AT2/3–4)

Speaking. Working in pairs, pupils explain to their penfriend, Oliver, where they are going and what they will do, for example: *Lundi on va à Jorvik Viking et puis on va faire un pique-nique.*

PROGRAMME DE LA VISITE • • • • • • • • • • • • • • • MODULE 3

3 Fais le programme pour la visite d'une classe française chez vous. (AT4/4–5)

Writing. Pupils write out a programme for a French class that will be visiting them.

Cahier d'exercices, page 24

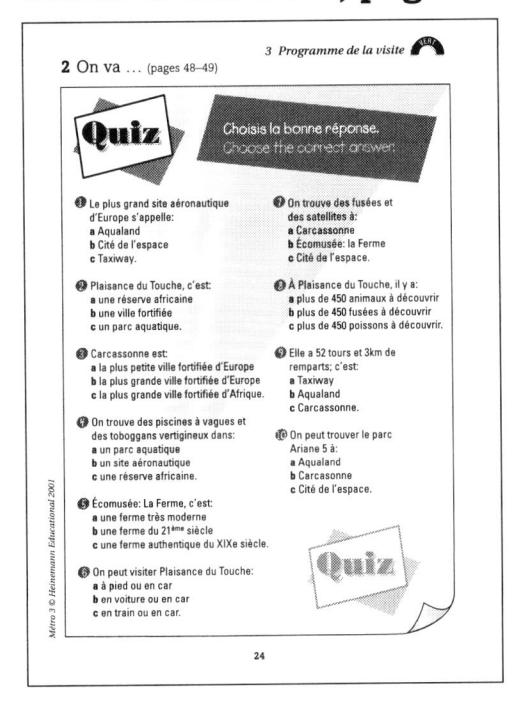

(AT3/4)

Answers

1c 2a 3b 4a 5c 6b 7c 8a 9c 10c

Grammaire 2, page 51

Answers

1 A On va à la banque. **B** On va à la boulangerie. **C** On va à l'office de tourisme. **D** On va au café. **E** On va au château. **F** On va au cinéma. **G** On va à la gare. **H** On va au jardin public. **I** On va au musée. **J** On va au parking. **K** On va à la pâtisserie. **L** On va à la piscine. **M** On va à la plage. **N** On va au pont. **O** On va à la poste. **P** On va au supermarché.

Grammaire 5, page 54

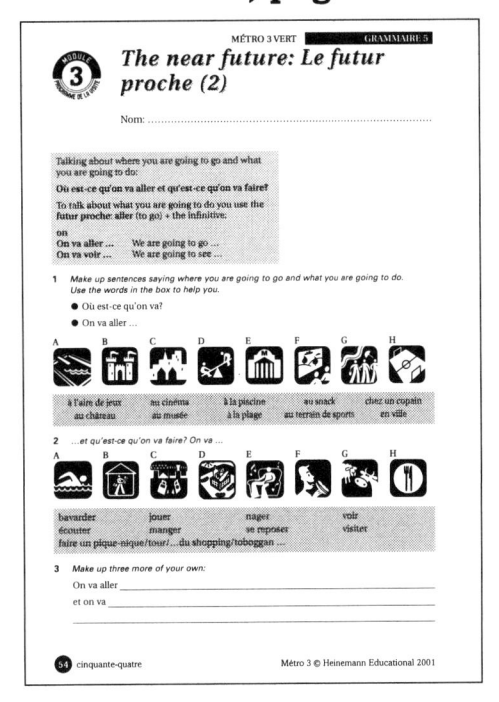

Answers

1 A à la piscine **B** au château **C** en ville **D** à l'aire de jeux **E** au musée **F** au cinéma **G** à la plage **H** au terrain de sports

2 A On va nager. **B** On va visiter. **C** On va faire du shopping. **D** On va faire un pique-nique. **E** On va se reposer. **F** On va manger. **G** On va voir. **H** On va manger.

PROGRAMME DE LA VISITE

MODULE 3

Skills 1, page 55

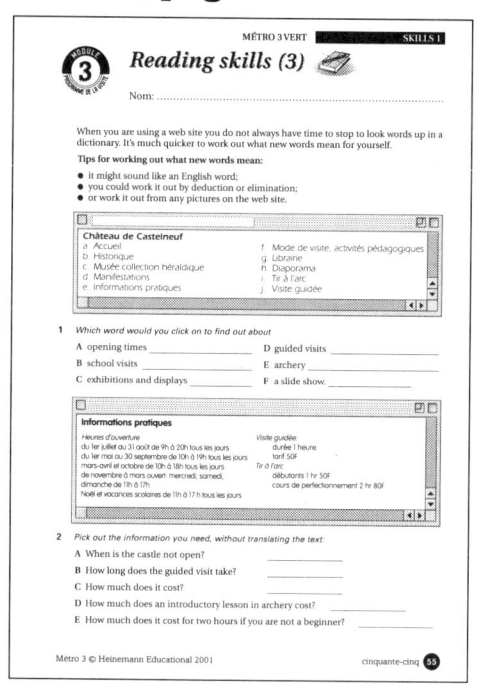

Answers

1 A Informations pratiques (e) **B** Mode de visite, activités pédagogiques (f) **C** Manifestations (d) **D** Visite guidée (j) **E** Tir à l'arc (i) **F** Diaporama (h)

2 A Between November and March closed Monday, Tuesday, Thursday, Friday **B** 1 hour **C** 50 francs **D** 50 francs **E** 80 francs

3 Où est la poste, s'il vous plaît?

Pupil's Book pages 50–51

Main topics and objectives
- Naming places in a town and asking where they are
- Telling someone where they are
- Saying how to get there
- Asking if it is far
- Saying how far it is

Grammar
- Using the *vous* form

Key language
la gare routière, la librairie, la piscine, la poste, la gare, le cinéma, la pharmacie
Où est …?
C'est dans la rue/sur la place/le boulevard
Pour aller au cinéma …
vous prenez la première/deuxième rue à gauche/droite
vous allez tout droit
vous traversez le pont/la place/la rue
vous prenez le bus
C'est loin d'ici?
C'est à (cinq) minutes d'ici
On peut y aller à pied/Il faut prendre le bus

Resources
Cassette B, side 1
Cahier d'exercices, page 25
Feuille de travail 2, page 48
Grammaire 3, page 52

1a Où est-ce? (AT3/2)
Reading. Pupils match the descriptions (1–8) with the pictures of places in a town at the top of page 50.

Answers

1 C'est la pharmacie. 2 C'est la gare routière. 3 C'est la maison de Marc. 4 C'est le cinéma. 5 C'est la piscine. 6 C'est la gare. 7 C'est la poste. 8 C'est la librairie.

Suggestion
Ask pupils to work in pairs to match the descriptions and places.

1b Où faut-il aller? (AT1/3)
Listening. Pupils listen to the tape and match the places (1–8) with the pictures A–H.

Answers

1 D2 2 F4 3 C8 4 A6 5 E1 6 B3 7 H5 8 G7

Tapescript
1 – *Tu veux acheter des aspirines? Bon, la pharmacie est dans la rue Charles de Gaulle.*
2 – *Tu veux acheter des magazines, alors, … euh … il faut aller à la librairie.*
   Loin? Euh, bon c'est en ville, sur la place de la République.
3 – *Pour envoyer un paquet? Il faut aller à la poste … la poste se trouve dans la rue Henri IV.*
4 – *Demain vous allez à Paris et vous prenez le train. Il faut se retrouver à la gare. La gare est dans la rue Gambetta. Il faut prendre le bus.*
5 – *Vous prenez le bus pour aller au cinéma. Vous descendez à la place du marché. Le cinéma est sur la place.*
6 – *La gare routière est dans la rue Georges Pompidou. Ce n'est pas loin, on peut y aller à pied.*
7 – *Ce soir nous allons chez Marc. Il faut prendre le bus. C'est sur le boulevard Saint Michel.*
8 – *Demain on va à la piscine. Ce n'est pas loin. On peut y aller à pied. C'est dans la rue du 14 juillet.*

1c À deux. (AT2/3)
Speaking. Working in pairs, pupils take it in turns to tell their partner what they want to do and to ask where to go, for example: *Je veux des timbres. Où est la poste? C'est dans la rue Henri IV.*

2a Lis et trouve le bon dessin. (AT3/2)
Reading. Pupils match the directions (1–6) with the diagrams (A–F).

Answers

1C 2D 3F 4B 5E 6A

R Use **Feuille de travail 2** to practice saying how to get to places.

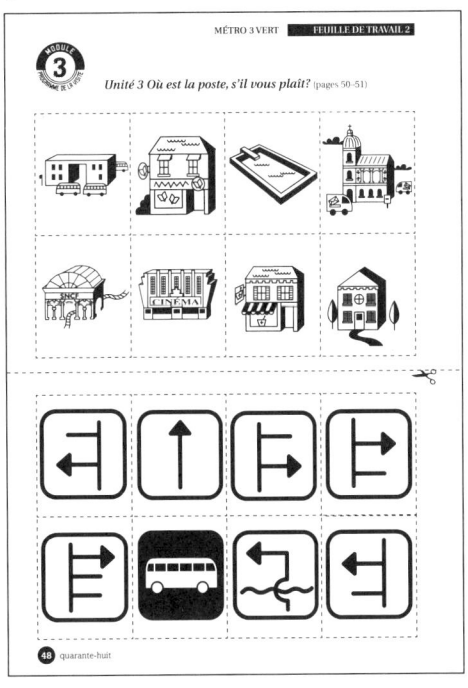

PROGRAMME DE LA VISITE

MODULE 3

2b Chez vous. Choisis quatre endroits et écris les directions pour un visiteur français. (AT4/3)

Writing. Ask pupils to choose four places in their area and to write down directions for a French visitor.

Cahier d'exercices, page 25

1 (AT4/2)

Answers

a Prenez la première rue à droite. **b** Prenez la deuxième rue à droite. **c** Traversez le pont. **d** Prenez la troisième rue à gauche. **e** Tournez à droite. **f** Prenez la première rue à gauche. **g** Prenez la deuxième rue à gauche. **h** Tournez à gauche. **i** Allez tout droit. **j** Prenez le bus. **k** Prenez la troisième rue à droite.

2 (AT4/2)

Answers

a poste/allez tout droit/prenez la troisième rue à droite
b gare/prenez le bus **c** pharmacie/traversez le pont/prenez la première rue à gauche

3 (AT4/3)

Grammaire 3, page 52

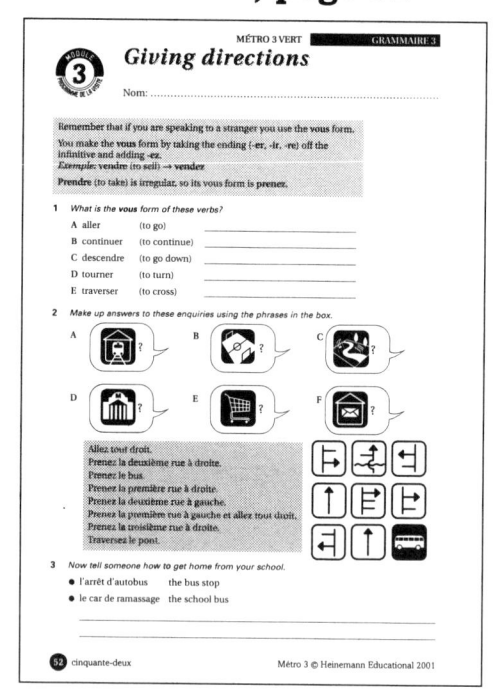

Answers

1 a allez **b** continuez **c** descendez **d** tournez **e** traversez

MODULE 3

4 Une visite chez nous

(Pupil's Book pages 52–53)

Main topics and objectives

- Asking what you are going to do
- Talking about what you are going to do

Other aims

- Using a range of vocabulary and structures

Grammar

- Using the *vous* form

Key language

Tu vas/Vous allez …
aller au collège/à la piscine/dans un parc d'attractions
visiter la ville/un musée/la cathédrale
faire une balade à vélo/du shopping/un pique-nique/du canoë
jouer au tennis/badminton/volleyball/football
déjeuner à la cantine/chez moi/en ville/chez mon copain
prendre le car/le bus/le train
rentrer à …h
rester à la maison

Resources

Cassette B, side 1
Cahier d'exercices, page 26
Feuille de travail 1, page 47

1a C'est quel jour? (AT3/3)

Reading. Pupils look at the programme at the top of page 52 and write down which days sentences 1–7 describe.

Answers

1 Monday, E 2 Thursday, F 3 Saturday, C 4 Sunday, G
5 Friday, A 6 Tuesday, B 7 Wednesday, D

1b C'est quel jour? (AT1/3)

Listening. Pupils listen to the tape and match a picture (A–G) to each of the days described.

Answers

1A 2F 3B 4D 5E 6E

Tapescript

1 – Aujourd'hui on va faire une balade à vélo et apporter un pique-nique. Tom va venir aussi.
2 – Aujourd'hui on va visiter un musée avec un village de Vikings. On va faire le tour du musée sur un petit train. Tom doit aller au collège …
3 – Aujourd'hui on va aller à un grand parc d'attractions. Tom vient aussi.
4 – Aujourd'hui on va visiter la ville et puis l'après-midi on va aller à la piscine.
Tom va venir à la piscine aussi mais ce matin il a un examen.
5 – Ce matin je vais en ville avec Tom pour faire du shopping et cet après-midi on va jouer au volleyball.
6 – Aujourd'hui on va à une ville qui s'appelle Scarborough. C'est au bord de la mer. Tom doit aller au collège.

2a Dis à ton corres ce qu'il va faire. (AT2/3–4)

Speaking. Pupils tell their penfriend what he is going to do.

Suggestion. Pupils record what they want to say on tape.

2b La classe de Patrice va rendre visite à ton collège. Copie et complète le programme de visite. Il faut vouvoyer! (AT4/3)

Writing. Pupils copy and complete the programme of events, using the appropriate word from the box to fill each gap. Alternatively, use **Feuille de travail 1**.

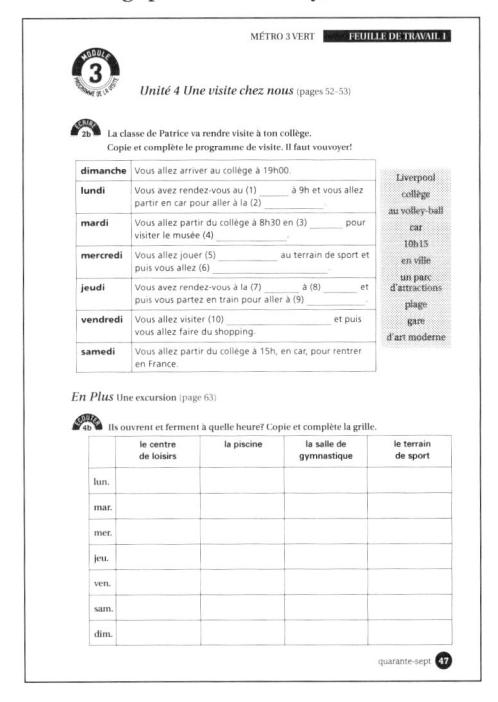

Answers

1 collège 2 plage 3 car 4 d'art moderne 5 au volleyball
6 en ville 7 gare 8 10h15 9 Liverpool 10 un parc d'attractions

PROGRAMME DE LA VISITE .... MODULE 3

Cahier d'exercices, page 26

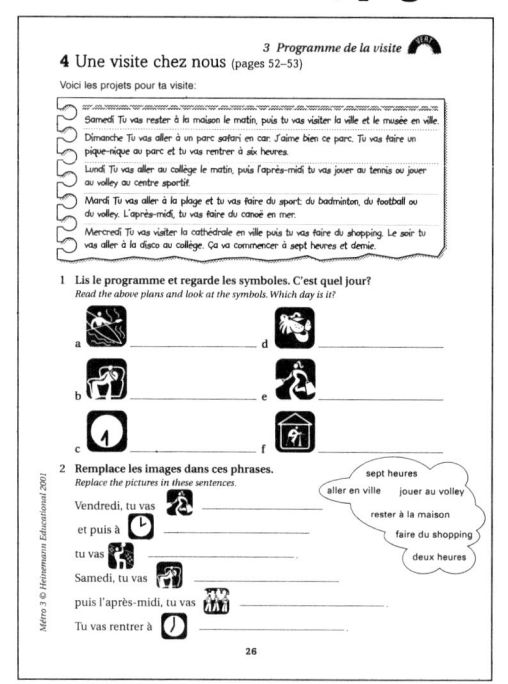

1 (AT3/3)

Answers

a mardi b samedi c mercredi d dimanche e mercredi
f lundi

2 (AT4/2)

Answers

1 aller en ville 2 deux heures 3 jouer au volley 4 rester à la maison 5 aller en ville 6 sept heures

MODULE 3
5 En ville
(Pupil's Book pages 54–55)

Main topics and objectives
- Naming shops and things you can buy there
- Giving directions to a friend

Other aims
- Understanding and following a note

Grammar
Prepositions: *sur, dans, devant*

Key language
la pharmacie, le marchand de chaussures, la boutique, la librairie, le photographe, des piles, du rouge à lèvres, une carte d'anniversaire, un tee-shirt, des baskets, une pellicule, du mascara, des cartes postales, un sweat, des chaussettes
Tu sors de la maison et tu tournes à gauche/droite.
Tu descends/montes la rue jusqu'au carrefour/à l'arrêt de bus/aux feux

Resources
Cassette B, side 1
Cahier d'exercices, page 27
Feuille de travail 3, page 49
Grammaire 4, page 53

1a Où peut-on acheter …? (AT3/1)

Reading. Pupils match two items to each shop.

1b À deux. Vérifiez vos réponses. (AT2/3)

Speaking. Working in pairs, pupils compare their answers to activity 1a with their partner's answers, for example: *On achète des baskets chez le marchand de chaussures.*

1c C'est loin ou pas? (AT1/3)

Listening. Pupils listen to the tape and write down how far away each place is.

Answers
> **1** libraire, à pied, 2 minutes **2** hypermarché, bus, 20 minutes **3** pharmacie, à pied, 15 minutes **4** marchand de chaussures, bus, 30 minutes **5** boutique, à pied, 5 minutes

Tapescript
1 – Il y a une librairie au coin, c'est pas loin, c'est à deux minutes d'ici. *[dans le]*
2 – Bon, un photographe … euh … il y en a un à l'hypermarché, il faut prendre le bus pour y aller, c'est à vingt minutes d'ici.
3 – Bon, la pharmacie est dans la rue Charles de Gaulle. Bon. On peut y aller à pied, c'est pas loin, mais il faut compter un bon quart d'heure.
4 – Le marchand de chaussures? C'est au centre-ville … il faut prendre le bus, il faut compter une demi-heure. *[en]*
5 – Pour acheter un tee-shirt? C'est pas loin, il y a une boutique à 5 minutes d'ici, tu peux y aller à pied.

2a Jeu de rôle. Ton corres veut faire des achats. (AT2/3–4) *[de vêtements]*

Speaking. Role-play. Pupils take it in turns to be the host/penfriend. The penfriend wants to buy some things. Pupils give directions and tell him/her how long it will take to get there and whether they can walk or whether they should go by bus.

➕ **Feuille de travail 3. Role-play.**

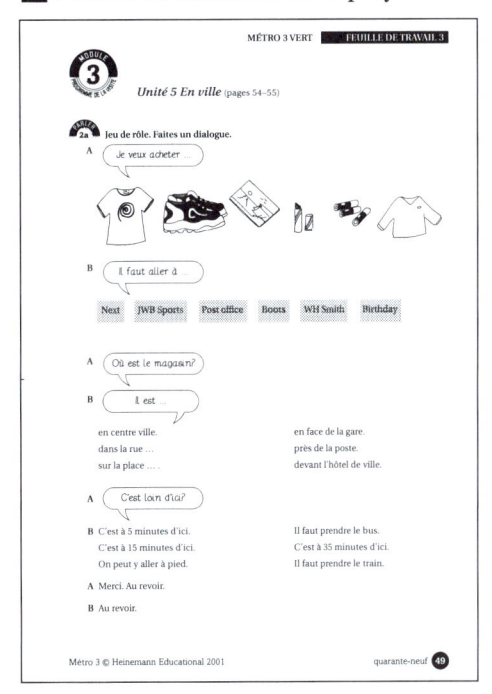

2b Lis et trouve la bonne réponse. (AT3/3)

Reading. Pupils read the directions on how to get to Boots at the top of page 55. They then match the questions (1–6) with the directions (A–F).

Answers
> **1**D **2**F **3**A **4**E **5**C **6**B

2c Donne les directions à Philippe pour y aller. Remplis les blancs. (AT4/4)

Writing. Pupils write down directions to Next and WHSmith by filling in the blanks.

Answers
> **1** aller/sors/tournes/rue/prends/rue/descends/le
> **2** pour/maison/tu/rue/arrêt/bus/descends/tu/prends/rue/est/de

67

PROGRAMME DE LA VISITE

MODULE 3

Grammaire 4, page 53

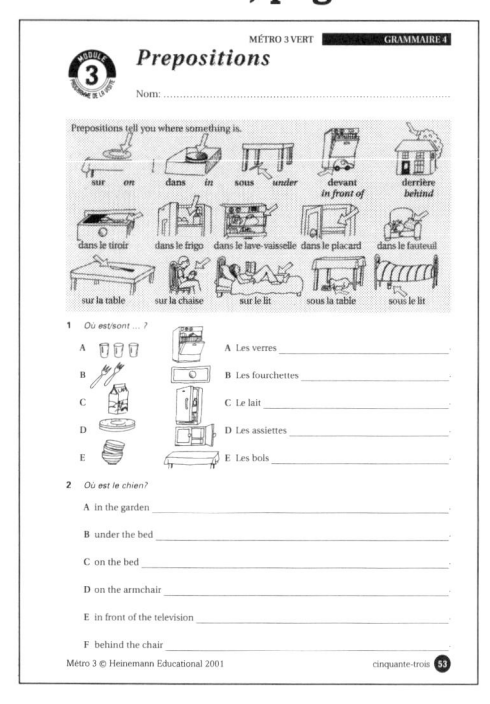

Answers

1 A Les verres sont dans le lave-vaisselle. **B** Les fourchettes sont dans le tiroir. **C** Le lait est dans le frigo. **D** Les assiettes sont dans le placard. **E** Les bols sont sur la table.

2 A Le chien est dans le jardin. **B** Le chien est sous le lit. **C** Le chien est sur le lit. **D** Le chien est sur la chaise. **E** Le chien est devant la télévision. **F** Le chien est derrière la chaise.

Cahier d'exercices, page 27

1 (AT4/2)

Answers

a Tu traverses la rue. **b** Tu descends la rue jusqu'aux feux. **c** Tu continues cinquante mètres. **d** Tu sors de la maison. **e** Tu montes la rue jusqu'au carrefour. **f** Tu descends à la gare routière. **g** Tu prends la première rue à gauche. **h** Le magasin est en face. **i** Tu prends le bus. **j** Tu tournes à droite.

2 (AT4/3)

Suggested answer

Tu sors de la maison. Tu tournes à droite. Tu prends le bus. Tu descends à la gare routière. Prends la première rue à gauche. La pharmacie est devant toi.

Bilan et Contrôle révision

(Pupil's Book page 56–57)

Bilan

This is a checklist of language covered in Module 3. There is a **Bilan** sheet for Module 3 in the **Resource and Assessment file** (page 58). Partners can test each other and tick off and initial the first row of boxes. The second row of boxes is for the teacher to initial and the space below is for comments.

Contrôle révision

A revision test for the test itself at the end of the module.

Resources

Cassette B, side 2
Cahier d'exercices, pages 28–29

1 Qu'est-ce que tu as faire? Copie et complète le progamme (pour le matin, le midi, l'après-midi et le soir). (AT1/4)

Listening. Pupils copy the programme, listen to the tape and write down what the person is going to do in the morning and the afternoon.

Answers

	samedi	*dimanche*
matin	aller en ville, faire du shopping	visiter un château
le midi	manger au McDo	pique-niquer dans le parc
l'après-midi	jouer au volley et aller à la piscine	se baigner dans la rivière, faire du kayak
le soir	regarder une vidéo	aller à une boum

Tapescript

Bon demain, ... euh ... bon c'est samedi. Le matin ... on va aller en ville et faire du shopping. À midi on va manger au McDo et puis on va au terrain de sport pour jouer au volleyball. Puis on va aller à la piscine et le soir on va chez Marc et on va regarder une vidéo.

Dimanche ... bon ... euh ... ah oui ... on va à un château. Le matin on va visiter le château, ... à midi? ... on va pique-niquer dans le parc. L'après-midi on va se baigner dans la rivière et faire du kayak, tu aimes ça? Tu sais faire du kayak? Bon, O.K. et le soir on va à une boum chez Mélissa, tu connais, Mélissa? Elle va faire un barbecue dans le jardin. Tu aimes les merguez. C'est une sorte de saucisses. Les saucisses on les mange avec du ketchup ... oui, c'est ça.

2 Où vont ils? Copie et complète le programme. (AT3/3)

Reading. Pupils copy out the programme (lundi-vendredi) and fill it in.

Answers

	journée	*soir*
lundi	parc safari	manger dans un restaurant
mardi	visiter une ville fortifiée	aller à la piscine
mercredi	aller au Lac Bleu	faire un barbecue
jeudi	aller au musée La Ferme	faire une balade à vélo
vendredi	visiter le château Malmasson	jouer au foot et au volley

3 À deux. Jeu de rôle. (AT3/3)

Speaking. Working in pairs, pupils ask and give directions.

4 Écris des directions. (AT4/3)

Writing. Pupils write down directions for 1–6.

Answers

1 au cinéma, la deuxième rue à droite **2** à la gare routière, la troisième rue à gauche **3** à la poste, le bus **4** à la gare, tout droit **5** à la gare, le pont

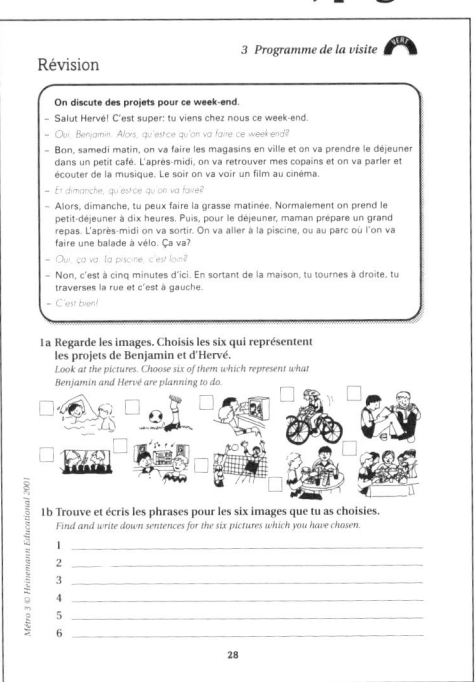

Cahier d'exercices, pages 28–29

PROGRAMME DE LA VISITE

MODULE 3

1a (AT3/4)

Answers

swimming, cycling, cinema, listening to music, eating in a café, eating a meal at home

1b (AT3/4)

Answers

1 On va aller à la piscine. **2** On va faire une balade à vélo. **3** On va voir un film au cinéma. **4** On va écouter de la musique. **5** On va prendre le déjeuner dans un petit café. **6** Pour le déjeuner, maman prépare un grand repas.

2 (AT3/4)

Answers

a V **b** V **c** F **d** F **e** V **f** F **g** V **h** F

3 (AT4/3)

MODULE 3 — Grammaire
(Pupil's Book pages 58–59)

This section provides more explanation and practice of the main grammatical points covered in the Module.

Resources

Cahier d'exercices, pages 30–31

1 Talking about what you are going to do

Answers

> 1 **A** Je vais lire. **B** Je vais regarder la télévision. **C** Je vais faire mes devoirs. **D** Je vais écouter de la musique. **E** Je vais jouer au volleyball.
> 2 **A** Tu vas faire du cheval. **B** Tu vas faire du vélo. **C** Tu vas nager. **D** Tu vas regarder un film/aller au cinéma. **E** Tu vas aller en ville.
> 3 **A** Il/elle va visiter le château. **B** Il/elle va faire un pique-nique. **C** Il/elle va manger au snack. **D** Il/elle va boire du coca. **E** Il/elle va danser.
> 4 **A** Vous allez au musée. **B** Vous allez au parc d'attractions. **C** Vous allez faire du vélo. **D** Vous allez danser. **E** Vous allez en ville.

2 How to say 'the'

Answers

> 2 **A** Je vais à la gare. **B** Je vais au cinéma. **C** Je vais à l'hôpital. **D** Je vais à la pharmacie. **E** Je vais à la poste. **F** Je vais à la piscine. **G** Je vais au collège. **H** Je vais au parc.

3 Giving directions

Answers

> 1 **A** Tournes à droite. **B** Prends la deuxième à gauche. **C** Continues tout droit. **D** Prends le bus.
> 2 **A** Tournez à droite. **B** Prenez la deuxième à droite. **C** Continuez tout droit. **D** Prenez le bus.

4 Saying where you have been and what you have done

Answers

> 4 Je suis allé(e) en ville et …
> **A** j'ai mangé un burger. **B** j'ai bu un coca. **C** j'ai acheté un CD. **D** j'ai vu un film. **E** j'ai joué au tennis. **F** j'ai nagé.

5 Giving an opinion

Answers

> 5 **A** C'était hyper cool/super/génial/intéressant. **B** C'était nul/fatigant. **C** C'était nul/fatigant. **D** C'était pas mal. **E** C'était hyper cool/super/génial/intéressant. **F** C'était nul/fatigant.

Cahier d'exercices, page 30

1a

Answers

> **a** vais **b** vas **c** allez **d** va **e** vas **f** va **g** va **h** allez **i** vais **j** va

1b

2

PROGRAMME DE LA VISITE

MODULE 3

Cahier d'exercices, page 31

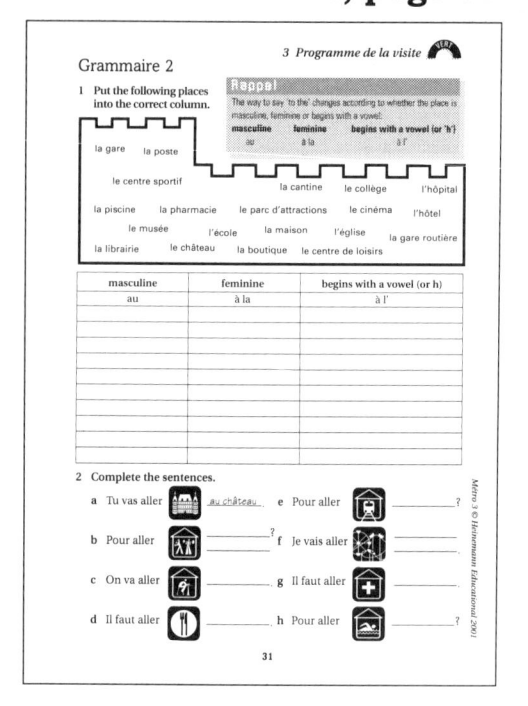

1

Answers

masculine	feminine	begins with a vowel (or h)
au	à la	à l'
photographe	gare	l'hôpital
centre sportif	poste	l'hôtel
collège	cantine	l'école
parc d'attractions	piscine	l'église
cinéma	pharmacie	
musée	maison	
château	gare routière	
centre de loisirs	librarie	
	boutique	
	pharmacie	

2

Answers

a au château **b** à la gare **c** au centre de loisirs **d** au parc d'attractions **e** au collège **f** à la pharmacie **g** au restaurant **h** à la piscine

MODULE 3 *En Plus Une excursion*

(Pupil's Book pages 60–63)

Main topics and objectives
- Saying where you have been and what you have done
- Saying what you thought about it

Other aims
- Listening and reading for personal interest

Grammar
- Using the past tense

Key language
Je suis allé(e) à …
J'ai fait/vu/joué/nage …
C'était cool/super/intéressant/génial/pas mal/fatigant/nul

Resources
Cassette B, side 1
Cahier d'exercices, page 32
Feuille de travail 1, page 47

1a C'est quelle attraction? Trouve l'image qui correspond. (AT3/2)

Reading. Pupils match the pictures on page 60 with the descriptions, 1–5.

Answers
1 le Château des Aigles 2 la Vallée des Singes
3 le Futuroscope 4 L'Île aux Serpents 5 Parc de Loisirs des Petites Minaudières

1b Où sont-ils allés? C'était comment? Écoute et remplis l'agenda (lundi-vendredi). (AT1/3–4)

Listening. Pupils listen to the tape and fill in the grid for Monday–Friday. Where did they go and how was it?

Answers

	Où?	C'était comment?
lundi	l'Île aux Serpents	ennuyeux
mardi	Futuroscope	super
mercredi	Château des Aigles	intéressant
jeudi	Vallée des Singes	nul
vendredi	Parc des Loisirs des Petites Minaudières	hyper cool

Tapescript
– Lundi on est allé à ***(l'île aux serpents.)
– Qu'est-ce que vous avez fait?
– On a vu des serpents, des crocodiles et d'autres animaux qui vivent sur la terre et dans l'eau.
– C'était comment?
– Bof … je n'aime pas les serpents, alors pour moi c'était ennuyeux.
– Où est-ce qu'on est allés mardi?
– Mardi on est allés au **** (Futuroscope). Ça c'était vraiment super, c'est un parc d'attractions cinématographique. Nous avons vu un film Imax sur les astronautes et la fusée Apollo.
– Et mercredi?
– Euh … on est allé au (château des Aigles).
– Et qu'est-ce qu'on a fait?
– On a vu de grands oiseaux. C'était intéressant.

– Et jeudi?
– On est allés à la (Vallée des Singes). C'est un parc zoologique avec beaucoup de singes, et des chimpanzés. Je les déteste, ils puent! Je suis resté dans le bus et j'ai joué avec mon gameboy. C'était nul.
– C'est tout?
– Non, vendredi on est allés au (parc de loisirs des Petites Minaudières). On a nagé, on a joué au tennis et au volleyball et … on s'est amusés, c'était hyper cool!

1c Imagine que tu es allé(e) avec eux. Raconte où tu es allé(e) et ce que tu as fait. (AT2/4–5)

Speaking. Pupils tell their partner about where they went and what they did.

1d Fais ton agenda. (AT4/4–5)

Writing. Pupils write out their diary about where they went and what they did.

2a Où est-elle allée? C'était quel jour? (AT3/3)

Reading. Pupils first fill in the gaps for 1–5 to show where the girl went. Then they match each number with the correct day.

Answers
1 Caernavon (mardi) 2 parc régional de Snowdonia (jeudi)
3 Llandudno (lundi) 4 Portmeirion (mercredi) 5 Anglesey (vendredi)

2b On est allés à Llandudno. C'était comment? (AT1/3)

Listening. Pupils listen to the tape and choose an adjective from the box to describe what each of the seven people thought about Llandudno.

Answers
1 pas mal 2 nul 3 fatigant 4 intéressant 5 génial 6 bof
7 cool

73

PROGRAMME DE LA VISITE

MODULE 3

Tapescript

1 – On est allés à Llandudno. C'était pas mal. On s'est bien amusés.
2 – Moi, je n'ai pas aimé, il faisait froid, c'était nul.
3 – Moi, j'ai visité la ville, j'ai fait du shopping, j'ai joué au volley à la plage, j'ai nagé, pfui … c'était fatigant!
4 – Moi, j'ai trouvé ça intéressant, c'est complètement différent de chez moi. J'habite dans une grande ville industrielle.
5 – Llandudno? Je ne peux pas le prononcer, mais c'est génial. On s'est bien amusés.
6 – C'était comment? Bof, j'avais mal à la tête et je n'aime pas la mer.
7 – C'était vraiment cool. J'ai nagé et j'ai joué au volleyball et puis j'ai joué au mini-golf et j'ai gagné. C'était cool.

3 À deux. Jouez. (AT2/3–4)

Speaking. Working in pairs, pupils play the memory game: *Je suis allé(e) à Blackpool et j'ai …*

4a Les heures d'ouverture. Lis. Copie et complète la grille. (AT3/3)

Reading. Pupils copy and complete the grid with the shop opening times. Alternatively, you can use **Feuille de travail 1**.

Answers

heures d'ouverture	lundi	mardi	mercredi	jeudi	vendredi	samedi	dimanche
centre commercial	←		8h00–12h00 14h30–19h30		→	8h30–17h00	—
supermarché	←		8h00–12h00		→		
banque			8h–12h00 14h–18h00	←		8h–12h00	—
boulangerie	7h30–12h30 14h30–19h30		←	7h30–12h30 14h30–19h30	→	7h30–12h00	

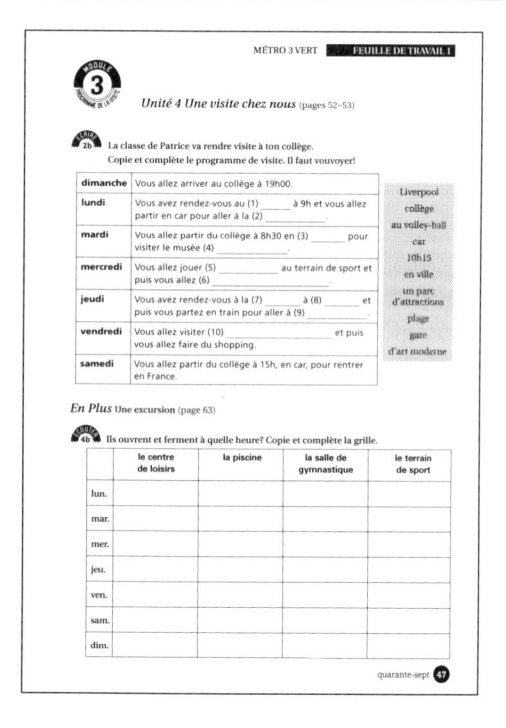

4b Ils ouvrent et ferment à quelle heure? Copie et complète la grille. (AT1/3)

Listening. Pupils copy the grid, listen to the tape and fill in shop opening and closing times.

Answers

	le centre de loisirs	la piscine	la salle de gymnastique	le terrain de sport
lun.	17.00–21.00			9.00–18.00
mar.	17.00–21.00	8.00–12.00		
mer.	10.00–20.00	14.30–21.00	11.00–17.00	
jeu.	17.00–21.00			
ven.	17.00–21.00			
sam.			14.00–19.30	
dim.				14.00–19.00

Tapescript

Le centre de loisirs est ouvert lundi, mardi, jeudi, vendredi de 17h à 21h00 et le mercredi de 10h00 à 18h00. Il est fermé le samedi et le dimanche.

La piscine est ouverte tous les jours du 8h00 à 12h00 et de 14h30 à 21h00, sauf le lundi. La piscine est fermée le lundi.

La salle de gymnastique est ouverte le mercredi de 11h00 à 17h00 et le samedi de 14h00 à 19h30.

Le terrain de sport est ouvert tous les jours de 9h00 à 18h00 sauf le dimanche. Le dimanche il ouvre à 14h00 et ferme à 19h00.

4c Jeu de rôle. Explique les heures d'ouverture à ton corres. (AT2/3)

Speaking. Role-play. Pupils explain the opening times to their penfriend.

5 Choisis cinq magasins à recommander à ton corres. (AT4/3–4)

Writing. Pupils choose five shops to recommend to a penfriend, for example: *(Next) est un bon magasin pour acheter des vêtements.*

PROGRAMME DE LA VISITE

MODULE 3

Cahier d'exercices, page 32

Que sais-je?

3 Programme de la visite

I can ...

- name the days of the week — lundi, _____
- say 'morning', 'afternoon', 'evening' — _____
- ask what we are going to do on Saturday — Qu'est-ce qu'on va faire _____?
- name five things that somebody is going to do — Tu vas visiter la ville, _____
- name five shops — _____
- name one thing that you can get in each of the shops above — _____
- name five places in a town — _____
- ask where two places are — Où est _____?
- ask how to get to somewhere — Pour aller _____?
- give five different directions — Vous prenez la première rue à droite.
- say how long it takes to get there — C'est à _____ minutes d'ici.
- give five directions to a friend — Tu sors de la maison, _____

Métro 3 © Heinemann Educational 2001

32

MODULE 3 *À toi*

(Pupil's Book pages 130–131)

- Self-access reading and writing at two levels

A Reinforcement

1 Qu''est-ce qu'ils vont faire demain? Trouve les images qui correspondent. (AT3/3)

Reading. Pupils match the descriptions (1–5) with the pictures (A–M) and fill in the grid.

Answers

	matin	après-midi	soir
1	C	F	H
2	A, J	K	L
3	G, B	E	H
4	I	G	M
5	F, J	K	L, D

2 Sylvain vient chez vous. Explique-lui ce qu'il va faire. (AT4/3)

Writing. Pupils write down what Sylvain is going to do when he comes to visit.

B Extension

1 Où veulent-ils aller? (AT3/2)

Reading. Pupils choose the question with the appropriate place in it.

Answers

1 Où est la pharmacie? **2** Où est le cinéma **3** Où est la piscine? **4** Où est la poste? **5** Où est la gare?

2 Où vont-ils? (AT3/2)

Reading. Pupils read the directions and see where they lead.

Answers

1 le cinéma **2** la piscine **3** la pharmacie **4** la gare routière **5** la gare **6** le château

3 Donnez de directions. (AT4/2–3)

Writing. Pupils give directions to the various places.

Answers

1 Prenez la deuxième rue à gauche. **2** Prenez la deuxième rue à droite. **3** Prenez la rue à gauche.
4 Traversez le pont. **5** Prenez la troisième rue à droite.

Module 4 La Forme!

(Pupil's Book pages 66–85)

Unit	Main topics and objectives	PoS	Grammar and key language
1 Tu gardes la forme (pp. 66–67)	Asking someone what they do to keep fit Saying what and how often I (and other people) do exercise Saying I don't do any exercise	2b pronunciation and intonation 2h scan texts	*Que fais-tu pour garder la forme?* *Je fais …* *Il/Elle fait …* *du jogging/de la musculation/du cyclisme, de la danse, de l'aérobic, de la natation, du yoga, du taï-chi* *Je ne fais rien* *Je ne fais pas de sport* *Je n'en fais jamais* *Il/Elle ne fait rien* *J'en fais de temps en temps/souvent/tous les jours/une (deux) fois par semaine le (mercredi) matin/le (samedi) après-midi/le (dimanche) soir* *faire* Negatives: *ne pas, ne jamais, ne rien*
2 Bougez! (pp. 68–69)	Giving someone instructions using the vous form Naming parts of the body or face	2a listen for gist and detail 2e vary language 5b express feelings and opinions 5h language for real purposes	*baissez, fermez, ouvrez, pliez, tendez, asseyez-vous, levez-vous, tenez-vous droit, touchez-vous la tête, les yeux, le cou, la taille, les oreilles, les épaules, les jambes, la bouche, les bras, les pieds, le nez, la main, les doigts de pied, les cheveux, les doigts* *écoutez, entrez, répétez, lisez, taisez-vous, parlez, sortez, écrivez, respirez* Using the imperative: *vous* form
3 Bonne cuisine, bonne mine (pp. 70–71)	Talking about food and types of food Saying what I eat and drink Telling someone what they ought to do	1b apply grammar 3c knowledge of language	*Produits laitiers: le lait, le fromage* *Viandes: le jambon, le poulet* *Fruits et légumes: les pommes de terre, les pêches, la salade* *Céréales: le pain, les pâtes* *Sucreries: le gâteau, les biscuits* *Je mange … et je bois …* *Je mange trop de …* *Je ne mange pas assez de …* *Il faut manger/boire plus de …* *Tu manges/bois trop de …* *Tu ne manges/bois pas assez de …* Some: *du/de la/des* *Il faut/Il ne faut pas*
4 Dix conseils pour garder la forme (pp. 72–73)	Giving advice about healthy living	2e vary language 5f adapt learned language	*Mangez sainement* *Buvez 2 à 3 litres d'eau par jour* *Faites du sport* *Marchez davantage* *Ne fumez pas* *Couchez-vous de bonne heure* *Ne passez pas trop de temps devant la télévision* *Passez plus de temps en plein air* *Ne passez pas trop de temps au soleil* *Protégez-vous quand vous faites du sport* Using the imperative: *vous* form

LA FORME! MODULE 4

Unit	Main topics and objectives	PoS	Grammar and key language
5 Portrait d'un champion (pp. 74–75)	Describing your lifestyle Talking about sport	1c use of a range of vocab/ structures 2d initiate/develop conversations 2f adapt learned language	*Il faut faire de l'entraînement* *Il faut manger sainement* *Il ne faut pas faire de bêtises* *Il faut de la discipliine* *Je me lève à (six heures)* *Je fais (du stretching)* *Je prends le petit-déjeuner* *Je mange des céréales* *Je me repose* *Je fais encore (trois) heures d'exercice* *Je ne mange pas de frites ni de sucreries* *Je me couche tôt* Present tense
Bilan et Contrôle révision (pp. 76–77)	Pupil's checklist and practice test	3a memorising	
Grammaire (pp. 78–79)	Grammar points and exercises	1b apply grammar	
En plus: (pp. 80–83)	Optional extension unit	2i summarise and report 5h language for real purposes	
À toi! (pp. 132–133)	Self-access reading and writing at two levels	3e independence in learning	

1 Tu gardes la forme

(Pupil's Book pages 66–67)

Main topics and objectives

- Asking someone what they do to keep fit
- Saying what and how often I (and other people) exercise
- Saying I don't do any exercise

Other aims

- Reporting back
- Further practice with pronunciation

Grammar

- *Faire* (all forms)

Key language

Que fais-tu pour garder la forme?
Je fais …
Il/Elle fait …
du jogging/de la musculation/du cyclisme/de la danse/de l'aérobic/de la natation/du yoga/du taï-chi
Je ne fais rien
Je ne fais pas de sport
Je n'en fais rien
J'en fais de temps en temps/souvent/tous les jours/ une (deux) fois par semaine
le (mercredi) matin, le (samedi) après-midi, le (dimanche)

Resources

Cassette B, side 2
Cahier d'exercices, page 33
Feuilles de travail 1–2, pages 67–68
Grammaire 1, page 69

1a Écoute et répète. Attention à la prononciation! (AT4/2)

Listening. Pupils listen to the phrases and repeat them.

Feuille de travail 2. Pupils work in pairs. They place pictures of the activities on the table and labels of the activities face down. Pupils take it in turns to choose one of the labels, read it out and match it with the relevant picture of the activity. Alternatively, play a game of pelmanisim.

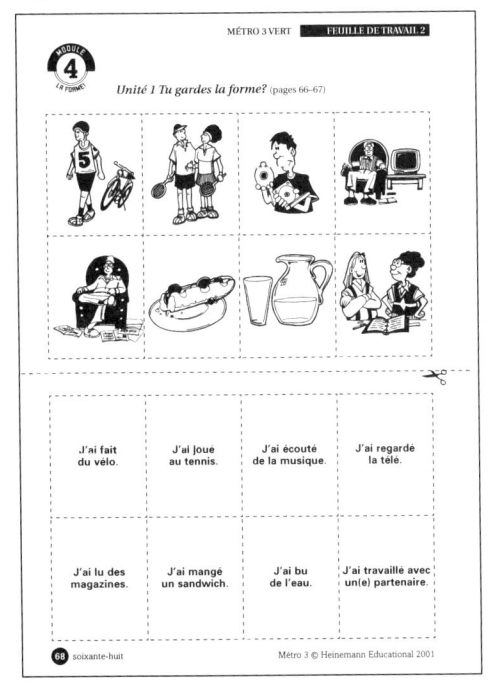

Tapescript

A *Je fais du jogging.*
B *Je fais de la musculation.*
C *Je fais du cyclisme.*
D *Je fais de la danse.*
E *Je fais de l'aérobic.*
F *Je fais de la natation.*
G *Je fais du yoga.*
H *Je fais du taï-chi.*
I *Je ne fais rien.*

1b Que font-ils pour garder la forme? (AT1/2)

Listening. Pupils listen to the tape and match a picture to each person.

Answers

Mathieu A, Julie H, Guillaume I, Axel C, Valentin B, Fatima D, Christelle F, Aurélie G,E

Tapescript

– *Mathieu, que fais-tu pour garder la forme?*
– *Je fais du jogging.*

– *Et toi, Julie … que fais-tu?*
– *Je fais du taï-chi.*

– *Et toi, que fais-tu, Guillaume?*
– *Je ne fais rien.*

– *Et … que fais-tu Axel?*
– *Je fais du cyclisme.*

– *Et toi, fais-tu du sport, Valentin?*
– *Je fais de la musculation.*

– *Et toi, Fatima tu es la grande sportive? Tu fais quelque chose pour garder la forme?*
– *Oui, je fais de la danse.*

– *Que fais-tu pour garder la forme, Christelle?*
– *Euh … pas grand-chose …*
– *Tu ne fais rien?*
– *Euh … je fais de la natation.*

– *Et toi, Aurélie? Tu fais du sport?*
– *Je fais du yoga et de l'aérobic.*

LA FORME! MODULE 4

2a Que font-ils? Quand? Copie et complète la grille. (AT3/3)

Reading. Pupils copy and complete the grid.

Suggestion

Ask pupils to extend the grid to 12 rows. Pupils can then also use the grid for answers to activity 2b.

✚ Add an extra column *Pourquoi?* for pupils to write down the reason for practising a certain activity.

Answers

nom	activité	quand?	pourquoi?
Michaël	yoga natation	2 fois par semaine de temps en temps	ça détend bien pour la santé
Louise	jogging natation	2 fois par semaine de temps en temps	pour garder la forme elle aime; bon pour la santé
Bénédicte	musculation taï-chi	3 fois par semaine mercredi soir	bon pour la santé ça me détend
Alain	danse l'aérobic	2 fois par semaine tous les jours	il aime et sa copine la fait

2b Un sondage. Que font-ils? Combien de fois par semaine? Écoute et note. (AT1/3)

Listening. Pupils listen to the tape and write down the activity each person practices and how often.

Suggestion

Fill in the following names on the grid: Karima, Maurice, Aurélie, Melissa, Fabrice, Thomas, Vincent, Marc

Answers

nom	activité	quand?
Karima	jogging	2 fois
Maurice	cyclisme	3 fois
Aurélie	rien	—
Mélissa	natation	de temps en temps
Fabrice	taï-chi	2 fois par semaine
Thomas	musculation	tous les jours
Vincent	musculation jogging	3 fois par semaine 3 fois par semaine
Marc	rien	—

Tapescript

– Bon, as-tu les résultats du sondage?
– Oui … bon Karima.
– Karima … Elle fait du jogging.
– Du jogging, oui et combien de fois par semaine?
– Elle en fait deux fois par semaine.
– Deux fois … bon … Karima fait du jogging deux fois par semaine.
– Maurice
– Il fait du cyclisme.
– Du cyclisme … oui.

– Il en fait trois fois par semaine.
– Trois fois par semaine.
– Oui … Maurice … du cyclisme … trois fois par semaine.
– Aurélie?
– Elle n'en fait jamais … elle est paresseuse …
– Aurélie … jamais? Bon … Mélissa?
– Mélissa … elle fait de la natation.
– De la natation.
– De temps en temps.
– De temps en temps …
– Oui, de la natation et de temps et temps.
– Bon et … Fabrice?
– Fabrice … il fait du taï-chi.
– Du taï-chi.
– Il en fait deux fois par semaine …
– Deux fois par semaine … oui c'est bon et … Thomas?
– Thomas … euh … Il fait de la musculation.
– De la musculation … oui … et … combien de fois par semaine?
– Tous les jours.
– Tous les jours ? Bon … Vincent?
– Vincent … il fait de la musculation et du jogging.
– Pas vrai!
– Si, il fait de la musculation et du jogging.
– Et combien de fois par semaine?
– Il en fait trois fois par semaine.
– Trois fois par semaine … mmmm, et Marc?
– Marc … Il n'en fait jamais.
– Rien?
– Absolument rien, il déteste le sport.
– Alors Marc … jamais.

3a Interviewe cinq personnes. (AT2/2)

Speaking. Pupils interview five people in their class about what they do to keep fit, for example: *Que fais-tu pour garder la forme?* and how often: *Tu en fais combien de fois par semaine?*

LA FORME!

MODULE 4

Feuille de travail 1: speaking (reporting back)

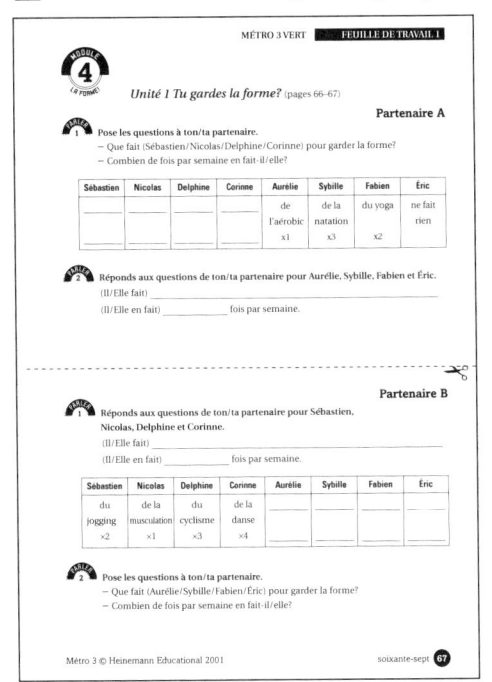

Cahier d'exercices, page 33

3b Que font-ils pour garder la forme? Copie et complète. (AT4/3)

Writing. Pupils write down what each person does to keep fit and how often.

Answers

> **Margaux** fait du jogging deux fois par semaine. **Serge** fait du taï-chi deux fois par semaine. **Julie** fait de la danse cinq fois par semaine. **Maëlle** fait de l'aérobic deux fois par semaine. **Joël** fait de la musculation trois fois par semaine. **Coralie** fait du yoga sept fois pas semaine.

3c Et toi? Que fais-tu? (AT4/3)

Pupils write down what they do to keep fit and how often.

1 (AT3/3)

Answers

> **a** Luc **b** Sandrine **c** Juliette **d** Thomas **e** Sandrine or Juliette **f** Sandrine

2 (AT4/2)

Answers

> **a** Je fais du yoga. **b** Je fais de la natation. **c** Je fais du jogging. **d** Je fais du taï-chi. **e** Je fais du vélo/cyclisme. **f** Je fais de la musculation. **g** Je fais de l'aérobic.

Grammaire 1, page 69

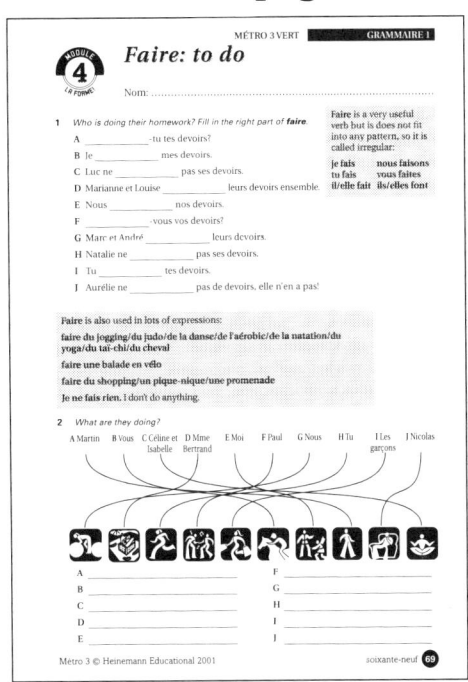

81

LA FORME! · MODULE 4

Answers

1 **a** Fais **b** fais **c** fait **d** font **e** faisons **f** faites **g** font **h** fait **i** fais **j** fait

2 **A** Martin fait une promenade. **B** Vous faites du cheval. **C** Céline et Isabelle font du yoga. **D** Mme Bertrand fait un pique-nique. **E** Je fais du judo. **F** Paul fait de la danse. **G** Nous faisons du vélo. **H** Tu fais du jogging. **I** Les garçons font du shopping. **J** Nicolas ne fait rien.

MODULE 4 LA FORME!

2 Bougez!

(Pupils Book pages 68–69)

Main topics and objectives

- Giving someone instructions using the vous form
- Naming parts of the body or face

Other aims

- Listening to instructions

Grammar

- Using the imperative

Key language

baissez, fermez, ouvrez, pliez, tendez, asseyez-vous, levez-vous, tenez-vous droit, touchez
la tête, les yeux, le cou, la taille, les oreilles, les épaules, les jambes, la bouche, les bras, les pieds, le nez, la main, les doigts de pied, les cheveux, les doigts
écoutez, entrez, répétez, lisez, taisez-vous, parlez, sortez, écrivez, respirez

Resources

Cassette B, side 2
Cahier d'exercices, page 34

1a Écoute et fais les exercices. (AT1/3)

Listening. Pupils listen to the tape and try to do the exercises!

Tapescript

Commencez!
1 Levez-vous!
2 Tenez-vous droit, baissez les épaules, regardez devant vous.
3 Tendez les bras devant vous. Respirez.
4 Baissez les bras, doucement, et détendez-vous.
5 Baissez la tête, et fermez les yeux.
6 Pliez les jambes.
7 Touchez-vous les doigts de pied avec les mains.
8 Ouvrez les yeux, tenez-vous droit, respirez, détendez-vous, souriez ...
9 Et asseyez-vous.

1b Trouve l'image qui correspond à chaque instruction. (AT3/3)

Reading. Pupils match the correct picture to each instruction.

Answers

| 1D 2A 3G 4B 5I 6C 7H 8E 9F |

1c En groupe. Jouez à 'Jacques a dit ...' (AT2/2)

Speaking. Pupils play 'Simon says ...' as a group game or as a class game.

➕ Song: See if pupils can compose their own version of 'Heads, shoulders, knees and toes'. Perform in small groups in front of the class or record onto tape.

1d Qu'est-ce que Jacques a dit? (AT4/2)

Writing. Pupils write down the instruction to go with each picture.

Answers

| A fermez les yeux B touchez le nez C pliez les jambes
| D tendez les bras E baissez la tête F ouvrez la bouche |

2a Écoute les instructions et choisis l'image qui correspond. (AT1/2)

Listening. Pupils listen to the tape and write down the letter of the picture that matches each instruction.

Answers

| 1B 2D 3E 4I 5J 6G 7H 8A 9C 10F |

Tapescript

1 Taisez-vous.
2 Ouvrez votre livre.
3 Écoutez la cassette.
4 Levez-vous.
5 Et sortez ... Au revoir.
6 Parlez.
7 Écrivez.
8 Entrez!
9 Asseyez-vous.
10 Lisez.

2b Copie et complète les instructions avec le verbe qui manque. (AT4/2)

Writing. Pupils copy and complete the instructions with the appropriate verb from the box on the right.

Answers

| 1 entrez 2 asseyez-vous 3 ouvrez 4 écoutez 5 lisez
| 6 répétez |

➕ Ask pupils to choose a classroom instruction and design a poster for it.

LA FORME! MODULE 4

Cahier d'exercices, page 34

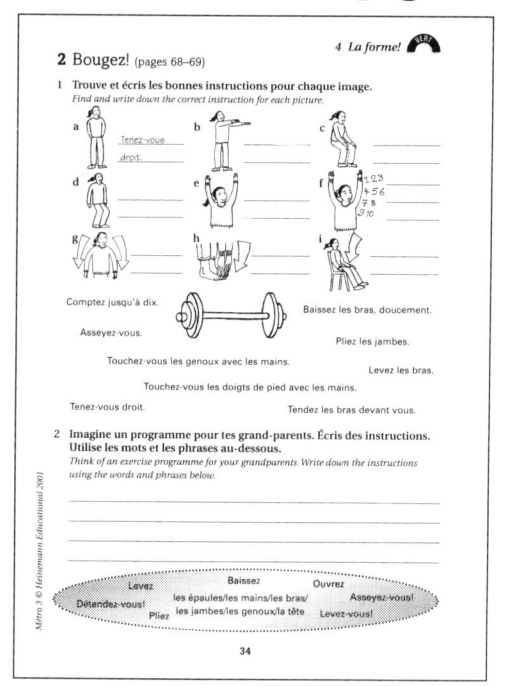

1 (AT3/2–3)

Answers

> A Tenez-vous droit B Tendez les bras devant vous
> C Touchez-vous les genoux avec les mains D Pliez les jambes E Levez les bras F Comptez jusqu'à dix
> G Baissez les bras H Touchez-vous les doigts de pied avec les mains I Asseyez-vous

2 (AT4/3)

MODULE 4 LA FORME!

3 Bonne cuisine, bonne mine
(Pupil's Book pages 70–71)

Main topics and objectives
- Talking about food and types of food
- Saying what I eat and drink
- Telling someone what they ought to do

Grammar
- du (de l'), de la (de l'), des

Key language
Produits laitiers: le lait, le fromage
Viandes: le jambon, le poulet
Légumes et fruits: les pommes de terre, les pêches, la salade
Céréales: le pain, les pâtes
Sucreries: le gâteau, les biscuits
Je mange ... et je bois ...
Je mange trop de ...
Je ne manges pas assez de ...
Il faut manger/boire plus de ...
Tu manges/bois trop de ...
Tu ne manges/bois pas assez de ...

Resources
Cassette B, side 2
Cahier d'exercices, page 35

1a Trouve le bon mot pour chaque photo. (AT3/1)

Reading. Pupils match the photos at the top of page 70 with the appropriate words from the box.

Answers

A les biscuits	B le gâteau	C le pain	D le fromage
E les pêches	F le lait	G le poulet	H les pommes de terre
I les pâtes	J le jambon		

1b À deux. Trouvez deux autres aliments pour chaque liste au-dessous. (AT2/1)

Speaking. Working in pairs, ask pupils to think of two food products not already mentioned for each food group shown in the grid with activity 1c.

1c Copie la liste et mets ces aliments dans la bonne colonne. (AT4/1)

Writing. Pupils copy out the grid and put all the foods under the correct heading.

Answers

produits laitiers	viandes	légumes/fruits	céréales	sucreries
le lait	le poulet	les frites	une pizza	le kit-kat
le yaourt	le bœuf	les pommes de terre	les cornflakes	les biscuits
le fromage	la poisson	la salade	le riz	le chocolat chaud
	le jambon		les pâtes	les bonbons
			les chips	le gâteau
			le pain	
			le tartine	
			le couscous	

1d Écoute et vérifie. (AT2/2–3)

Listening. Pupils listen to the tape and correct their answers to 1c.

Tapescript
– Les frites?
– Les pommes de terre ... un légume?
– Oui.
– Une pizza?
– C'est aussi une céréale parce que c'est fait avec de la pâte.
– Les cornflakes ... des céréales ...?
– Cornflakes ... de céréales.
– Un kit-kat?
– Une sucrerie.
– Kit-kat – sucrerie. Les biscuits?
– Sucrerie aussi.
– Le chocolat chaud?
– Sucrerie.
– Le chocolat chaud – sucrerie, bon. Le poulet ... une viande?
– Oui une viande.
– Le riz?
– Une légume, c'est une plante?
– Non, le riz est une céréale.
– Le riz, céréale ... les pâtes ... céréales aussi.
– Les pommes de terre?
– Légumes.
– La salade?
– Légume aussi.
– Le bœuf ... viande ...
– Oui, c'est ça.
– Le lait ?
– Produits laitiers.
– Les bonbons ... sucrerie et ... le yaourt ...
– Produit laitier.
– Yaourt ... produit laitier et les chips?
– Des céréales.
– Le pain, céréales et une tartine parce que c'est aussi du pain.
– Le gâteau?
– Sucrerie.
– Le poisson, où est-ce que je mets le poisson?
– C'est une viande ...
– Ah oui, poisson ... viande.
– Le couscous? Céréale?
– Oui le couscous est une céréale comme le riz.
– Le fromage ...
– Le fromage, c'est un produit laitier, et le jambon?
– Le jambon c'est une viande.
– Voilà, c'est fini.

85

LA FORME!   MODULE 4

2a Lis le texte page 71. Qu'est-ce qu'ils mangent et boivent? Copie et complète la grille. (AT3/3)

Reading. Pupils look at the text at the top of page 71. Ask pupils to copy and fill in the grid with what each person has to eat and drink.

Answers

	laitiers	viande	légumes/fruits	céréales	sucreries	🥛	autre
Lucille	lait		frites	cornflakes pizza/pâtes	chocolat chaud gâteau coca	eau	biscuits
Marc	fromage		frites un fruit	pâtes/riz pain	biscuit coca	eau	chips
Noémie	lait fromage	jambon		tartines pâtes couscous pain	chocolat kit-kat biscuits mousse au chocolat		chips

2b Trouve le bon conseil, pour Lucille, Marc et Noémie. (AT3/3)

Reading. Pupils find the correct advice for Lucille, Marc and Noémie

Answers

1 Marc 2 Noémie 3 Lucille

3 Écris-leur un conseil. (AT4/3)

Writing. Pupils use the pictures to write some advice about healthy eating for Maurice and Mélissa.

Et toi? Now ask pupils to write about their own diet.

Cahier d'exercices, page 35

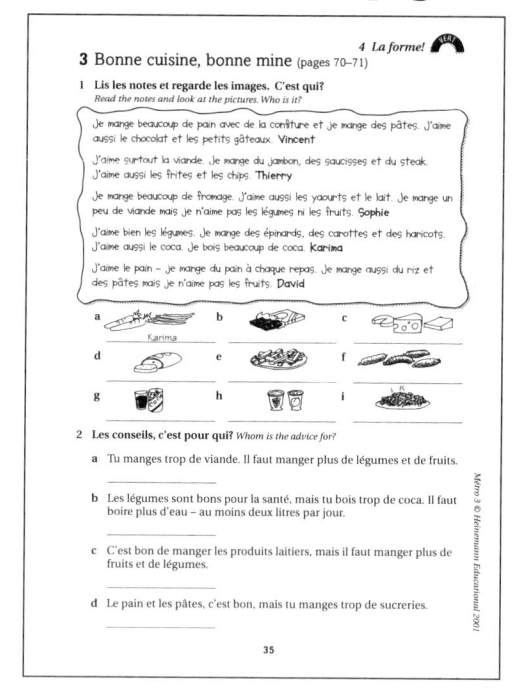

1 (AT3/2)

Answers

a Karima b Vincent c Sophie d David e Thierry f Thierry
g Karima h Sophie i David

2 (AT3/3)

Answers

a Thierry b Karima c Sophie d Vincent

4 Dix conseils pour garder la forme

(Pupil's Book pages 72–73)

Main topics and objectives
- Giving advice about healthy living

Other aims
- Listening and understanding

Grammar
- the imperative: *ouvrez la porte, faites du sport*

Key language
Mangez sainement
Buvez 2 à 3 litres d'eau par jour
Faites du sport
Marchez davantage
Ne fumez pas
Couchez-vous de bonne heure
Ne passez pas trop de temps devant la télévision
Passez plus de temps en plein air
Ne passez pas trop de temps au soleil
Protégez-vous quand vous faites du sport

Resources
Cassette B, side 2
Cahier d'exercices, page 36
Grammaire 2, page 70

1a Trouve l'image que correspond. (AT3/3)

Reading. Pupils match the pictures with the advice (1–10).

Answers

1C 2E 3I 4D 5B 6H 7G 8J 9A 10F

1b Trouve le conseil qui correspond. (AT3/3)

Reading. Pupils find suitable advice to go with statements A–J.

Answers

A6 B8 C10 D9 E2 F7 G3 H5 I4 J1

1c Écoute et trouve le conseil qui correspond. (AT1/3)

Listening. Pupils listen to the tape and write down suitable advice (1–10 from activity 1a) for each of the statements 1–10.

Answers

1 1 2 4 3 5 4 6 5 8 6 2 7 10 8 9 9 7 10 3

Tapescript

1 Ce que je mange? Bon, des burgers, des frites et des chips.
2 Pour aller en ville? Non, je n'y vais pas à pied, je prends le bus.
3 As-tu une cigarette pour moi, je n'en ai plus?
4 Je ne me couche jamais avant 10 heures.
5 Je n'aime pas sortir, je préfère rester à la maison et lire un livre.
6 Je voudrais un coca, s'il vous plaît.
7 Mon casque? Si, je fais du VTT, mais … je ne porte pas de casque.
8 Je vais me faire bronzer mais je ne mets pas de crème anti-solaire pour bronzer plus rapidement.
9 J'adore regarder la télé, j'ai une télé dans ma chambre et je regarde des films le soir quand j'ai fini mes devoirs.
10 Je déteste le sport. Je n'en fais pas.

1d C'est quel conseil? (AT1/3)

Speaking. Working in pairs, pupils give advice to go with pictures A–J.

2a Écris-leur un conseil. (AT4/2)

Writing. Pupils write a piece of advice for each person about their lifestyle.

2b Fais un poster. Choisis ou invente un conseil et dessine un poster. (AT4/2–3)

Writing. Ask pupils to choose one of the pieces of advice, or make up their own and design a poster to illustrate it.

Cahier d'exercices, page 36

LA FORME!

MODULE 4

1 (AT4/2)

Answers

a Faites du sport b Marchez d'avantage c Buvez deux à trois litres d'eau par jour d Ne passez pas trops de temps au soleil e Couchez-vous de bonne heure f Passez plus de temps en plein air g Ne passez pas trop de temps devant la télévision h Protégez-vous quand vous faites du sport i Mangez sainement j Ne fumez pas

2 (AT3/2)

Answers

Ag, Bh, Cc, Dj, Ei, Ff, Gd, He, Ia, Jb

Answers

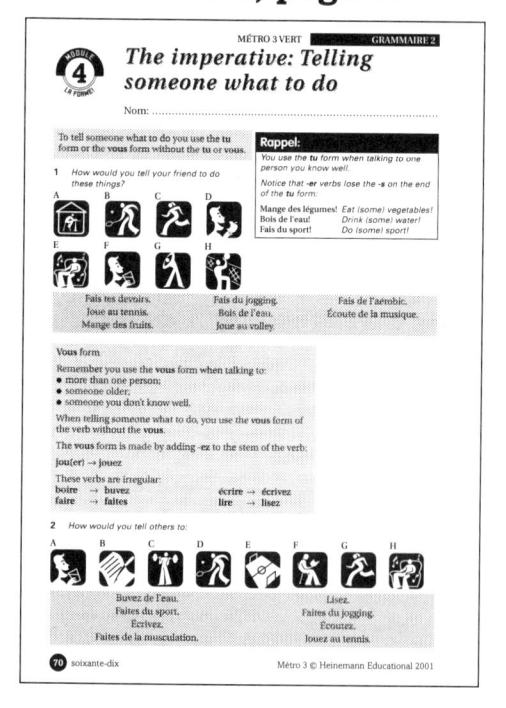

1 a fais tes devoirs b joue au tennis c fais du jogging d mange des fruits e écoute de la musique f bois d l'eau g fais de l'aérobic h joue au volley

2 a buvez de l'eau b écrivez c faites de la musculation d jouez au tennis e faites du sport f lisez g faites du jogging h écoutez

Grammaire 2, page 70

MODULE 4 LA FORME!

5 Portrait d'un champion

(Pupil's Book pages 74–75)

Main topics and objectives

- Describing your lifestyle
- Talking about sport

Other aims

- Reporting back
- Adapting learned language

Key language

Il faut faire de l'entraînement
Il faut manger sainement
Il ne faut pas faire de bêtises
Il faut de la discipliine
Je me lève à (six heures)
Je fais (du stretching)
Je prends le petit déjeuner
Je mange des céréales
Je me repose
Je fais encore (trois) heures d'exercice
Je ne mange pas de frites ni de sucreries
Je me couche tôt

Resources

Cassette B, side 2
Cahier d'exercices, page 37
Skills 1–3, pages 71–73

1a Lis et écoute. (AT1/4, AT3/4)

Listening. Pupils listen to the tape and follow the interview with Nadir on page 74.

Tapescript

– Qu'est-ce qu'il faut faire pour devenir un champion?
– Pour devenir champion, il faut faire de l'entraînement, il faut manger sainement et il ne faut pas faire de bêtises. Il faut de la discipline!
– À quelle heure vous levez-vous?
– Normalement je me lève à six heures.
– Que faites-vous?
– Je fais du stretching et du jogging. Je fais dix kilomètres chaque matin.
– Et puis?
– Je prends le petit déjeuner.
– Que mangez-vous pour le petit déjeuner?
– Je mange des céréales et une tartine avec du miel.
– Que buvez-vous?
– Je me fais un smoothie. Je mets des fruits et des noix dans le mixer avec du lait.
– Et après?
– Je me repose et puis je fais encore trois heures d'exercice. Je fais de la musculation et du saut à la corde.
– Et à midi? Que mangez-vous?
– Je mange de la viande, de la salade, du pain et du fromage et un fruit.
– Alors, qu'est-ce que vous ne mangez pas?
– Je ne mange pas de frites ni de sucreries.
– Vous buvez du café?
– Non, je bois de l'eau.
– Et l'après-midi?
– Je fais de l'entraînement en équipe. Nous nous entraînons ensemble et puis nous faisons un match.
– Que faites-vous le soir? Vous regardez beaucoup de télévision?
– Non, je regarde très peu. Je dîne, je me repose et je me couche tôt.
– Vous fumez?
– Absolument pas. Ce n'est pas bon pour la respiration.
– Quel conseil donnez-vous à un jeune sportif ou une jeune sportive?
– Il faut faire beaucoup d'entraînement, manger sainement, boire beaucoup d'eau et se coucher tôt. Il faut de la discipline!
– Merci.
– Merci à vous.

1b Choisis la bonne réponse. (AT3/4)

Reading. Pupils do the multiple choice.

Answers

1b 2a 3a 4b 5b 6b 7b 8b

1c À deux. À tour de rôle. Posez les questions et donnez les réponses. (AT2/4)

Speaking. Working in pairs, pupils take turns to ask and answer questions 1–8 about Nadir.

2a Que font-ils? Copie et complète la grille. (AT1/4)

Listening. Pupils copy the grid on page 75, listen to the tape and fill in the information about each of the four people.

Simplification. Write up the key verbs on the board/OHT, for example: *Il se lève, il fait … il prend* … Point out to pupils that these are used over again and they just need to add the activity to go with each verb.

LA FORME! MODULE 4

Answers

	le matin	l'après-midi	le soir
1	se lève à 7 heures, fait du jogging, prend son petit déjeuner, fait 3 heures de cyclisme	fait 2 heures de musculation	fait de la natation, se couche à 9 heures
2	se lève à 6 heures, fait une heure de stretching, fait 2 heures de jogging	fait de la natation	fait de la musculation et du saut à la corde, se couche à 9h30
3	se lève à 7 heures, fait une heure de taï-chi, fait 3 heures d'entraînement – de la musculation et du stretching	fait 2 heures de jogging	fait 2 heures de taï-chi
4	se lève à 5.30, fait 2.5 heures de la natation, fait de la musculation et du saut à la corde	fait du jogging, se repose pendant 2 heures	fait 3 heures de natation, se couche à 10 heures

Tapescript

1 Je me lève à sept heures. Je fais du jogging. Je prends mon petit déjeuner. Je fais trois heures de cyclisme. L'après-midi je fais deux heures de musculation et le soir je fais de la natation. Je me couche à neuf heures.

2 Je me lève à six heures et je fais une heure de stretching. Après le petit déjeuner je fais deux heures de jogging et l'après-midi je fais de la natation. Le soir je fais de la musculation et du saut à la corde. Je me couche à neuf heures et demie.

3 Je me lève à sept heures et je fais une heure de taï-chi. Après le petit déjeuner je fais encore trois heures d'entraînement, de la musculation et du stretching. L'après-midi je fais deux heures de jogging et le soir je fais encore deux heures de taï-chi.

4 Je me lève à cinq heures et demie et je fais deux heures et demie de natation. Après le petit déjeuner je fais de la musculation et du saut à la corde et l'après-midi je fais du jogging et puis je me repose pendant deux heures. Le soir je fais encore trois heures de natation et je me couche à dix heures.

2b Imagine que tu es un(e) sportif/sportive. Décris ta journée. (AT4/4)

Writing. Pupils imagine that they are in training. Ask them to describe their day.

Cahier d'exercices, page 37

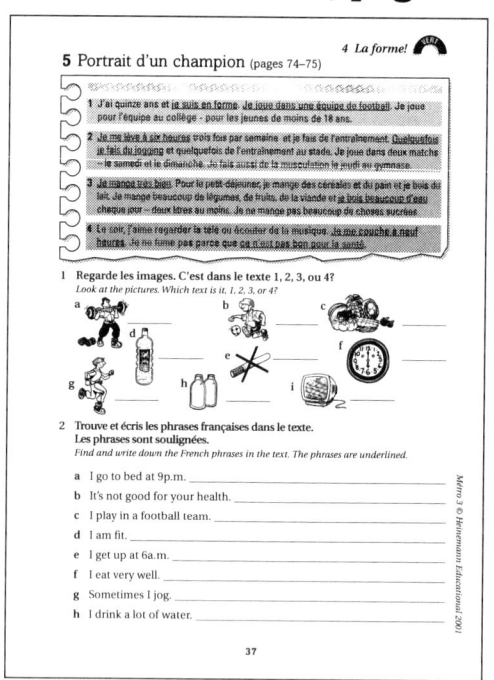

1 (AT3/3)

Answers

a2 b1 c3 d3 e4 f2 g2 h3 i4

2 (AT4/2)

Answers

a Je me couche à neuf heures. **b** Ce n'est pas bon pour la santé. **c** Je joue dans une équipe de football. **d** Je suis en forme. **e** Je me lève à six heures. **f** Je mange très bien. **g** Quelquefois je fais du jogging. **h** Je bois beaucoup d'eau.

LA FORME!

MODULE 4

Skills 1, page 71

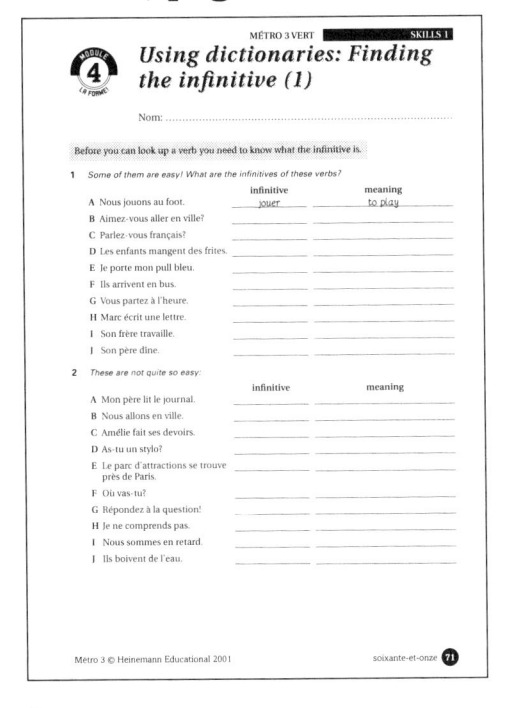

Answers

1. **A** jouer, to play **B** aimer, to like/love **C** parler, to speak **D** manger, to eat **E** porter, to wear **F** arriver, to arrive **G** partir, to leave **H** écrire, to write **I** travailler, to work **J** dîner, to have dinner

2. **A** lire, to read **B** aller, to go **C** faire, to do/make **D** avoir, to have **E** se trouver, to be (found) **F** aller, to go **G** répondre, to answer **H** comprendre, to understand **I** être, to be **J** boire, to drink

Skills 2, page 72

Answers

1. **A** dormir, to sleep **B** devoir, to do/must **C** savoir, to know **D** venir, to come **E** dire, to say **F** mettre, to lay/to put **G** s'appeler, to be called **H** se jeter, to flow **I** prendre, to take **J** recevoir, to receive

2. **A** se lever, to get up **B** se laver, to get washed **C** s'amuser, to have fun **D** se baigner, to swim **E** s'occuper, to look after **F** s'habiller, to get dressed **G** se réveiller, to wake up **H** se coucher, to go to bed **I** se disputer, to argue **J** s'asseoir, to sit down

Skills 3, page 73

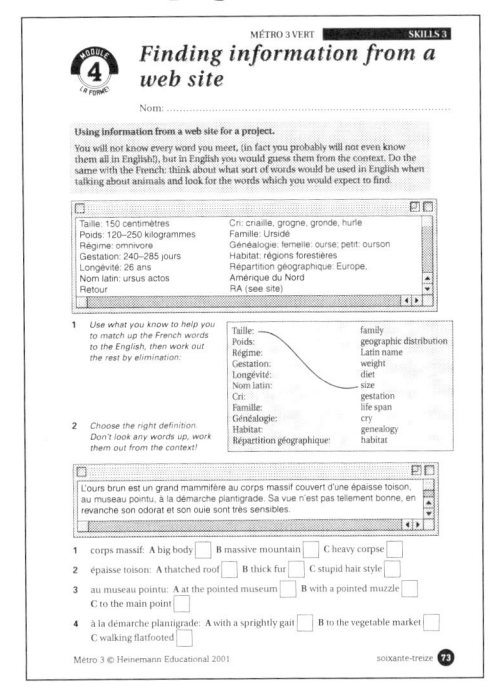

Answers

1. *taille* – size; *poids* – weight; *régime* – diet; *gestation* – gestation; *longévité* – lifespan; *nom latin* – Latin name; *cri* – cry; *famille* – family; *généalogie* – geneology; *habitat* – habitat; *répartition géographique* – geographic distribution

2. 1A 2B 3B 4C

MODULE 4 — *Bilan et Contrôle révision*

(Pupil's Book page 76–77)

Bilan

This is a checklist of language covered in Module 4. There is a **Bilan** sheet for Module 4 in the **Resource and Assessment file** (page 76). Partners can test each other and tick off and initial the first row of boxes. The second row of boxes is for the teacher to initial and the space below is for comments.

Contrôle révision

A revision test for the test itself at the end of the module.

Resources

Cassette B, side 2
Cahier d'exercices, pages 38–39

---

1 Que font-ils pour garder la forme? Combien de fois par semaine? (AT1/3)

Listening. Pupils listen to the tape and write down what each person does to keep fit and how often.

Answers

> 1 jogging – tous les jours; natation – 2 fois par semaine
> 2 musculation – 3 fois par semaine; taï-chi une fois par semaine 3 cyclisme – 2 fois par semaine; football – une fois par semaine 4 stretching et natation – 5 fois par semaine 5 rien (n'aime pas le sport) 6 musculation et stretching – 5 fois par semaine

Tapescript

1 Je fais du jogging tous les jours et de la natation deux fois par semaine.
2 Je fais de la musculation trois fois par semaine et du taï-chi une fois par semaine.
3 Je fais du cyclisme. J'en fais trois heures le mercredi et trois heures le dimanche et je joue au football le samedi après-midi.
4 Je fais une heure de stretching et une heure de natation cinq jours par semaine.
5 Je ne fais rien. Je n'aime pas le sport.
6 Je fais une heure de musculation et du stretching cinq fois par semaine.

2 Copie et remplis la grille. Que mangent-ils, que boivent-ils? (AT3/3)

Reading. Pupils copy the grid and tick what Benjamin and Claudette have to eat and drink.

Answers

	🥛	🐟	🍎	🥣	🍰	🥤	autre
Benjamin	✓	✓	✓	✓		✓	coca, chips pâtes, pain
Claudette	✓	✓	✓	✓	✓		poisson pâtes, pain

3 Que manges et que bois-tu? Interviewe ton/ta partenaire. (AT2/2–3)

Speaking. Working in pairs, pupils interview their partner about what they have to eat and drink for breakfast, lunch and dinner.

4 Que mangent-ils? Donne un conseil à Florian et Corinne. (AT4/3–4)

Writing. Pupils look at the pictures of Florian and Corinne and give advice about what they should be eating.

Cahier d'exercices, pages 38–39

LA FORME!

MODULE 4

1 (AT3/4)

Answers

a Il faut manger cinq portions de légumes ou de fruits. b Vous pouvez faire du cyclisme. c Il faut manger une portion de viande. d Il faut aussi se coucher tôi e Vous pouvez faire de la danse. f Il faut boire plus de deux litres d'eau. g Vous pouvez faire de la natation. h Il faut manger quatre portions de céréales. i Vous pouvez faire du yoga.

2 (AT3/4)

Answers

1b **2**a **3**b **4**c **5**a **6**c **7**a

3 (AT4/3)

Grammaire

(Pupil's Book pages 78–79)

This section provides more explanation and practice of the main grammatical points covered in the Module.

Resources

Cahier d'exercices, pages 40–41

1 How to say what you do

Answers

A Je fais de la musculation une fois par semaine. B Je fais du vélo tous les jours. C Je fais de la danse une fois par semaine. D Je fais du stretching trois fois par semaine. E Je fais de la natation deux fois par semaine. F Je ne fais pas d'aérobic.

2 How to talk about someone else

Answers

Pierre fait de la danse. Il en fait une fois par semaine.
Mathias fait de la natation. Il en fait cinq fois par semaine.
Bénédicte fait du jogging. Elle en fait trois fois par semaine.
Clémence fait du yoga. Elle en fait le mercredi après-midi.
Cyrille fait du vélo. Il en fait tous les jours.
Louise fait de l'aérobic. Elle en fait le samedi matin.

3 Giving instructions

Answers

A Entrez. B Taisez-vous. C Asseyez-vous. D Ouvrez vos cahiers. E Écoutez la cassette. F Lisez. G Parlez. H Écrivez. I Levez-vous. J Sortez.

4 Using 'some'

Answers

1 A Je mange des frites. B Je mange des pommes. C Je mange de la salade. D Je mange de la pizza. E Je mange du pain. F Je mange du fromage.
2 G Je bois de l'eau. H Je bois du jus d'orange. I Je bois du chocolat chaud. J Je bois du limonade.

Cahier d'exercices 1, page 40

1

Answers

a Couchez-vous tôt. b Touchez-vous les pieds. c Levez les bras. d Tenez-vous droit. e Baissez les épaules. f Pliez les jambes. g Fermez les yeux. h Ouvrez la bouche. i Asseyez-vous sur la chaise. j Taisez-vous.

2

Answers

a Levez les bras. b Baissez les bras. c Levez les jambes. d Baissez les jambes. e Pliez les genoux. f Touchez-vous les doigts du pied. g Touchez-vous les nez. h Touchez-vous les genoux.

LA FORME!

Cahier d'exercices 2, page 41

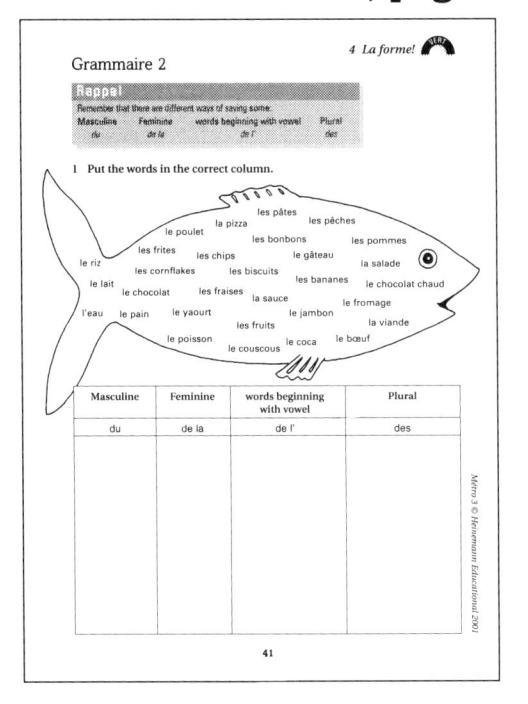

1

Answer

Masculine	Feminine	words beginning with vowel	Plural
du	*de la*	*de l'*	*des*
riz	pizza	eau	frites
lait	sauce		cornflakes
chocolat	viande		chips
pain	salade		biscuits
poulet			fraises
yaourt			pâtes
poisson			bonbons
gâteau			bananes
couscous			fruits
coca			pommes
jambon			pêches
bœuf			
fromage			
chocolat chaud			

MODULE 4

MODULE 4 LA FORME!

En plus Ma journée

(Pupil's Book pages 80–83)

Main topics and objectives
- Talking about your daily routine
- Talking about what you did yesterday

Other aims
- Talking about the number of hours you have left over for leisure

Key language

Vous passez environ (dix heures) au lit/à table/dans la salle de bains
Ça vous laisse cinq heures à vous!
Vous passez sept heures au collège
Il reste
Il me reste
Je passe …h au lit, …h au collège, …h pour aller au collège et rentrer du collège, …h dans la salle de bain, …h à table
J'ai fait, j'ai joué, j'ai écouté, j'ai regardé, j'ai lu, j'ai mangé, j'ai bu, j'ai travaillé

Resources

Cassette B, side 2
Cahier d'exercices, page 42

1a Lis le texte et réponds. Combien d'heures passe-t-on …? (AT3/3)

Reading. Pupils look at the pie chart at the top of page 80 and answer the questions.

1b À deux. Interviewe ton/ta partenaire. (AT2/3)

Speaking. Working in pairs, pupils interview their partner about how long they spend asleep, at school, travelling and returning to school, in the bathroom, eating and then how much free time is left.

1c Fais un résumé. (AT4/3–4)

Writing. Pupils write a summary about how long they spend on each of the activities.

2a Combien d'heures passent-ils au lit? Copie et complète la grille. (AT1/3)

Listening. Pupils listen to the tape and fill in the grid. How long does each person spend in bed?

Answers

	1	2	3	4	5	6	7
Il/Elle se lève à	7.00	6.00	6.30	7.00	7.00	6.00	6.00
Il/Elle se couche à	10.00	9.30	10.30	9.00	10.00	10.00	8.30
N° d'heures au lit	9.00	8.30	8.00	10.00	9.00	8.00	9.30

Tapescript

1 – Combien d'heures passes-tu au lit?
 – Je me couche à dix heures et je me lève à sept heures.
 – Ça fait combien?
 – Ça fait 9 heures.
2 – Et toi, combien d'heures passes-tu au lit?
 – Je me couche à neuf heures et demie et je me lève à six heures.
 – Ça fait combien?
 – Ça fait 8 heures et demie heures.
3 – Et toi, combien d'heures passes-tu au lit?
 – Je me couche à dix heures et demie et je me lève à six heures et demie.
 – Ça fait combien?
 – Ça fait 8 heures.
4 – Et toi, combien d'heures passes-tu au lit?
 – Je me couche à neuf heures et je me lève à sept heures.
 – Ça fait combien?
 – Ça fait 10 heures.
5 – Et toi, combien d'heures passes-tu au lit?
 – Je me couche à dix heures et je me lève à sept heures.
 – Ça fait combien?
 – Ça fait 9 heures.
6 – Combien d'heures passes-tu au lit?
 – Je me couche à dix heures et je me lève à six heures.
 – Ça fait combien?
 – Ça fait 8 heures.
7 – Combien d'heures passes-tu au lit?
 – Je me couche à huit heures et demie et je me lève à six heures.
 – Ça fait combien?
 – Ça fait 9 heures et demie.

2b Fais un sondage de classe. Pose les questions et note les réponses. (AT2/3)

Speaking. Class survey. A class survey to work out how long each pupil spends in bed: *À quelle heure tu tu lèves? À quelle heure tu te couches? Combien d'heures passes-tu au lit?*

3a Il reste cinq heures … Que font-ils? Choisis les bonnes images. (AT3/3)

Reading. Pupils pick out the appropriate pictures for each person. Note that some pictures can be used for two different things. See answers.

Answers

Mathieu: A E F K B G M L Djamila: A D I J M Mélodie: A P O K François: C A N H

LA FORME!

MODULE 4

3b Et qu'est-ce qu'ils ont fait hier? Choisis les images qui correspondent. (AT1/3)

Listening. Pupils listen to the tape and and write down the letter of the pictures showing what each person did during their leisure time yesterday.

Answers

| **1** A B G E **2** L F G K **3** D G J I **4** E C B H |

Tapescript

1 – Qu'est-ce que tu as fait hier, Mathieu?
 – J'ai fait mes devoirs. J'ai écouté de la musique. J'ai lu des magazines.
 – J'ai joué au football dans la rue.

2 – Et toi, Deborah?
 – J'ai passé une heure au téléphone. J'ai fait du shopping pour ma mère. J'ai lu des magazines.
 – J'ai fait une promenade avec ma copine.

3 – Et toi, Mélodie?
 – J'ai joué au ping-pong avec ma copine. J'ai lu des magazines. J'ai fait une balade à vélo avec mes copains.
 – J'ai regardé un film à la télé.

4 – Et toi, Justin?
 – J'ai joué au foot avec mes copains. J'ai joué de la guitare. J'ai écouté de la musique.
 – J'ai joué sur l'ordinateur.

3c À deux. Interviewe ton/ta partenaire. (AT2/3–4)

Speaking. Working in pairs, pupils interview their partner about what they did yesterday evening: *Qu'est-ce que tu as fait hier soir? Et toi, qu'est-ce que tu as fait?*

3d Qu'est-ce que tu as fait hier soir? (AT4/3–4)

Writing. Pupils look at pictures A–F and use them as cues to write down what they did yesterday evening.

4a Il reste cinq heures. Pendant combien de temps est-ce que Sophie a …? (AT3/3)

Reading. Pupils look at Sophie's pie chart. She has five hours left in which to do various leisure activities. Pupils write down how long Sophie spent on each.

Answers

Elle a joué au ping-pong pendant une heure. Elle a fait ses devoirs pendant une heure. Elle a travaillé sur l'ordinateur pendant une heure. Elle a regardé la télévision pendant une heure. Elle a téléphoné à son copain pendant une demi-heure.

4b Fais un graphique: Mes cinq heures. (AT4/3)

Writing. Pupils draw a similar pie chart to Sophie's and show how long they spent on each leisure activity.

Cahier d'exercices, page 42

MODULE 4 LA FORME! À toi

(Pupil's Book pages 132–133)

- Self-access reading and writing at two levels.

A Reinforcement

1 Que font-ils pour garder la forme? Combien de fois par semaine? (AT3/3)

Reading. Pupils copy the grid and write down what each person does to keep fit and how often they do this activity.

Answers

	activité	combien de fois
1	jogging	2 fois par semaine
	musculation	1 fois par semaine
2	taï-chi	2 fois par semaine
	jogging	2 fois par semaine
3	rien	
4	cyclisme	3 fois par semaine
	musculation	1 fois par semaine
5	natation	5 fois par semaine
6	danse	3 fois par semaine
	aérobic	7 fois par semaine

2 Que mangent et boivent-ils? (AT4/3)

Writing. Pupils write down what each person has to eat for breakfast, lunch and dinner.

Choisis une personne et donne-lui un conseil. (AT4/3)

Writing. Pupils choose one person and give him/her some advice about their diet.

B Extension

1 Trouve les images qui correspondent. (AT3/3)

Reading. Pupils match sentences 1–10 with the pictures A–J.

Answers

1G 2F 3E 4J 5B 6C 7D 8H 9I 10A

2 Choisis trois personnes et donne-leur un conseil. (AT4/3)

Writing. Pupils choose three people from activity 1 and give them some advice about their diet.

Module 5 — La mode!

(Pupil's Book pages 86–105)

Unit	Main topics and objectives	PoS	Grammar and key language
1 Les vêtements (pp. 86–87)	Naming items of clothing Saying what colour suits and doesn't suit me	1b apply grammar 5a communicate in pairs	*des baskets, des chaussettes, des chaussures, une chemise, un chemisier, un gilet, une jupe, un pantalon, un pull, un tee-shirt, des sandales, un short, un sweat, des tennis* *(Le bleu) me va bien (Le rouge) ne me va pas* Agreement of adjectives: *blanc, blanche, blancs, blanches*
2 Je voudrais (pp. 88–89)	Asking for something in a shop and saying what colour Giving the size Asking the price Asking for something cheaper Saying which one you will buy	2g deal with the unpredictable 5a communicate in pairs	*Je voudrais (un tee-shirt) blanc(he), bleu(e), gris(e), jaune, noir(e), rouge, vert(e) petit, moyen, grand* *Ça coûte(nt) combien?* *Avez-vous quelque chose de moins cher?* *Je prends ce tee-shirt/cette chemise/ces chaussures* *Ce/cet/cette/ces*
3 L'argent de poche (pp. 90–91)	Saying how much pocket money I get Saying I don't have any Saying how much money I earn Saying what I do to earn it Saying I don't do anything Saying what I do with the money	2a listen for gist and detail 2i summarise and report	*J'ai …F/livres sterling* *Je n'ai rien* *Je fais du babysitting/la vaisselle/J'aide mes parents/Je range ma chambre/Je lave des voitures/Je m'occupe de (mon petit frère)* *Je ne fais rien* *J'achète …* *Je le mets de côté pour m'acheter … /aller en vacances* Possessive adjectives
4 J'ai un problème! (pp. 92–93)	Talking about problems Saying I can't talk to someone	2f adapt learned language 2h scan texts 4c compare home and TL culture	*J'ai besoin d'aide au collège/d'arrêter de fumer* *J'ai besoin de faire un régime/me faire une petite copine/un petit copain gagner de l'argent/sortir avec la bande* *Je ne peux pas parler à mes parents/mon prof parce que …* Expressions with *avoir: j'ai faim, j'ai soif, j'ai besoin de …*
5 Il/Elle est comment? (pp. 94–95)	Saying what I am like and what someone else is like	3b interpret meaning 5c express feelings and opinions	*Je suis …* *Mon copain/ma copine est …* *Il/Elle est … bavard(e), égoïste, farfelu(e), gentil(le), intelligent(e), marrant, paresseux(se), sérieux(se), sportif(ve), stupide, sympa, têtu(e), timide* Agreement with adjectives
Bilan et Contrôle révision (pp. 96–97)	Pupil's checklist and practice test	3a memorising	
Grammaire (pp. 98–99)	Grammar points and exercises	1b apply grammar	
En plus: Bouge ta tête (pp. 100–103)	Optional extension unit	1c use of a range of vocab/structures 5f use language creatively 5g listening and reading for personal interest	
À toi! (pp. 134–135)	Self-access reading and writing at two levels	3e independence in learning	

MODULE 5 LA MODE!

1 Les vêtements

(Pupils book pages 86–87)

Main topics and objectives
- Naming items of clothing
- Saying what colour suits and doesn't suit me

Other aims
- Colours
- Revision of hair and eye colour

Grammar
Colour adjectives: *blanc, blanche, blancs, blanches*

Key language
des baskets, des chaussettes, des chaussures, une chemise, un chemisier, un gilet, une jupe, un pantalon, un pull, des sandales, un short, un sweat, un tee-shirt, des tennis
(Le bleu) me va bien
(Le rouge) ne me va pas

Resources
Cassette C, side 1
Cahier d'exercices, page 43
Grammaire 1, page 86

Suggestion
Revise clothes and their colours. Introduce various items of clothing from a bag and ask pupils what they are, for example: *Qu'est-ce que c'est? C'est un pantalon.* Revise just the clothes first and then their colours.

1a À deux. Qu'est-ce qu'ils portent? C'est de quelle couleur? (AT2/2)

Speaking. Working in pairs, pupils take it in turns to tell their partner what the people at the top of page 86 are wearing and the colour of their clothes, for example: *Raphaël porte un pantalon gris.*

1b Écoute et trouve le bon dessin. (AT1/2)

Listening. Pupils listen to the tape and match the people with the descriptions.

Answers
| 1 Loïc | 2 Hanane | 3 Raphaël | 4 Ambre |

Tapescript
1 Je porte un short bleu, un tee-shirt rouge, des chaussettes blanches et des tennis blancs.
2 Je porte un pull vert, un jean délavé, des chaussettes blanches et des baskets blanches.
3 Je porte une chemise blanche, un sweat noir, un pantalon gris et des chaussures noires.
4 Je porte un chemisier rose, un gilet bleu, une jupe bleue et des sandales blanches.

1c Décris les vêtements. (AT4/3)

Writing. Pupils describe what each person is wearing.

2a Quel tee-shirt préfèrent-ils? Pourquoi? (AT1/3–4)

Listening. Pupils listen to the tape and write down the letter of the colour of the tee-shirt each person prefers.

Answers
| 1D 2F 3A 4E 5B 6C |

Tapescript
1 Je préfère le tee-shirt jaune, parce que la couleur me va bien. J'ai les cheveux roux et les yeux verts.
2 Je préfère le tee-shirt rouge parce que le rouge me va bien … et j'ai les cheveux marron.
3 Le vert me va bien parce que j'ai les cheveux roux. Alors moi, je préfère le tee-shirt vert.
4 Le bleu me va bien parce que j'ai les cheveux blonds et les yeux bleus, alors je préfère le tee-shirt bleu marine.
5 Je préfère le tee-shirt noir, parce que je porte toujours du noir.
6 Le vert et le rouge ne me vont pas … j'ai les cheveux bruns et les yeux bruns et bon … je préfère le tee-shirt blanc, parce qu'il me fait penser aux vacances et c'est plus rigolo.

2b Trouve un tee-shirt pour Louis! (AT3/3)

Reading. Pupils read the six notes and work out which colour of tee-shirt is left for Louis.

Answer
| Vert |

2c Interviewe ton/ta partenaire. (AT2/3)

Speaking. Pupils interview their partner about the colours that suit/don't suit them and the tee-shirt they prefer.

2d Écris un texte. (AT4/3–4)

Writing. Pupils write down which colours suit/don't suit them and why and then which tee-shirt they prefer and why.

100

LA MODE!

MODULE 5

Cahier d'exercices, page 43

Answers

1

singular masc	fem	plural masc	fem
noir	noire	noirs	noires
vert	verte	verts	vertes
bleu	bleue	bleus	bleues
gris	grise	gris	grises
brun	brune	bruns	brunes
blond	blonde	blond	blondes

1 (AT3/2)

Answers

1e 2b 3c

2 (AT4/3)

Grammaire 1, page 86

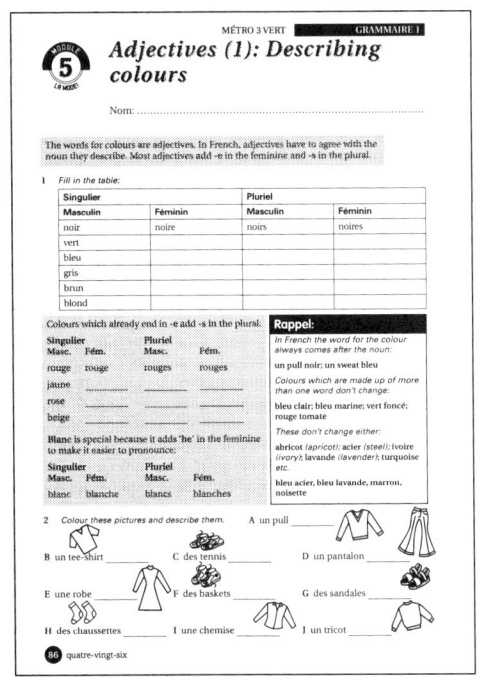

MODULE 5 LA MODE!

2 Je voudrais
(Pupil's Book pages 88–89)

Main topics and objectives
- Asking for something in a shop and saying what colour
- Giving the size
- Asking the price
- Asking for something cheaper
- Saying which one you will buy

Other aims
- Numbers 20–100

Grammar
- ce (cet), cette, ces

Key language
Je voudrais (un tee-shirt)
blanc(che), bleu(e), gris(e), jaune, noir(e), rouge, vert(e)
petit, moyen, grand
Ça coûte(nt) combien?
Avez-vous quelque chose de moins cher?
Je prends ce tee-shirt/cette chemise/ces chaussures

Resources
Cassette C, side 1
Cahier d'exercices, page 44
Feuille de travail 1, page 85

1a Lis et écoute. (AT3/4, AT1/4)

Reading. Pupils listen to the tape and follow the dialogue in their book.

Tapescript
– Je voudrais un tee-shirt s'il vous plaît.
– Oui, monsieur … en quelle couleur?
– Rouge.
– Vous faites quelle taille? Petit, moyen ou grand?
– Moyen.
– Voilà, un tee-shirt 'Speedy', moyen, en rouge.
– Oui, ça coûte combien?
– 37,50 euros.
– Avez-vous quelque chose de moins cher?
– Oui, j'ai un tee-shirt 'Winner' en noir et bleu.
– Et ça coûte combien?
– 25,75 euros.
– Non, le bleu ne me va pas, je prends ce tee-shirt en noir.
– Le voilà.
– Merci. Au-revoir.
– Au-revoir monsieur et bonne fin de journée.

1b Lis et trouve la bonne réponse. (AT3/4)

Reading. Pupils choose the correct answer for 1–5.

Answers
| 1a 2a 3b 4a 5a |

1c À deux. Jeu de rôle. Travaillez le dialogue. (AT2/4)

Speaking. Role-play. Pupils practise the shop dialogue in pairs.

Suggestion
Before doing the next activity involving large numbers, give pupils a practice run. Read out 10 large numbers and see how well pupils do at working them out.

2a Ils coûtent combien? C'est quel prix? (AT1/3)

Listening. Pupils listen to the tape and write down the letter of the correct price.

Answers
| 1B 2H 3E 4C 5A 6I 7F 8G 9D |

✚ Ask pupils to listen to the tape again and write down how much each item costs in euros.

Tapescript
1 Je voudrais ce tee-shirt. Il coûte combien?
  C'est 9,90 euros.
  Merci.
2 Je voudrais ces chaussures. Elles coûtent combien?
  C'est 29,00 euros.
  Merci.
3 S'il vous plaît, ce short, … il coûte combien?
  C'est 21,60 euros.
  Merci.
4 Pardon madame, cette jupe, elle coûte combien?
  C'est 12,85 euros.
  Merci.
5 S'il vous plaît, ces chaussettes coûtent combien?
  C'est 2,99 euros.
  Merci.
6 Ce pantalon coûte combien?
  C'est 32,50 euros.
  Merci.
7 Ce pullover coûte combien?
  C'est 23,99 euros.
  Merci.
8 Cette robe coûte combien?
  C'est 25,65 euros.
  Merci.
9 Ces sandales coûtent combien?
  Le prix, c'est 15,75 euros.
  Merci.

LA MODE!

MODULE 5

2b À deux. Jeu de rôle. (AT2/3)

Speaking. Working in pairs, pupils practice asking for items of clothing in a shop and saying how much they cost.

Suggestion

Ask pupils to practice saying the numbers out loud to each other first before doing this role-play.

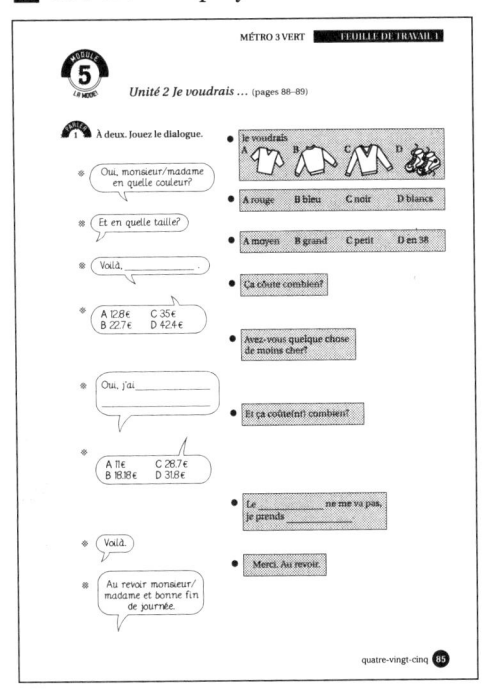

➕ Use the role-play on **Feuille de travail 1**.

3 Dessine quatre vêtements et décris-les! (AT4/3)

Writing. Ask pupils to draw four items of clothing and add a written description.

Cahier d'exercices, page 44

1 (AT4/2)

Answers (words from box in **bold**)

> **Je voudrais un sweat.**
> Oui, mademoiselle, en quelle couleur?
> **Bleu, s'il vous plaît.**
> Vous faites quelle taille? Petit, moyen ou grand?
> **Grand.**
> Voilà. Un grand sweat en bleu.
> **Et ça coûte combien?**
> €25,8.
> **Avez-vous quelque chose de moins cher?**
> Oui, j'ai ce sweat en noir et en vert.
> **Ça coûte combien?**
>
> **Je prends le sweat vert.**
> Le voilà.
> **Merci.**
> Au revoir Mademoiselle et bonne journée.
> **Au revoir.**

Extra! (AT4/3–4)

MODULE 5 LA MODE!

3 L'argent de poche

(Pupil's Book pages 90–91)

Main topics and objectives
- Saying how much pocket money I get
- Saying I don't have any
- Saying how much money I earn
- Saying what I do to earn it
- Saying I don't do anything
- Saying what I do with the money

Other aims
- Summarising and reporting

Grammar
- *mon, ma, mes*
- *son, sa, ses*

Key language
J'ai …€/livres sterling
Je n'ai rien
Je fais du babysitting/la vaisselle
J'aide mes parents
Je range ma chambre
Je lave des voitures
Je m'occupe de (mon petit frère)
Je ne fais rien
J'achète …
Je le mets de côté pour m'acheter … /aller en vacances

Resources
Cassette C, side 1
Cahier d'exercices, page 45
Grammaire 2, page 87

1a Écoute et note. Combien d'argent de poche ont-ils? Que font-ils pour en gagner? (AT1/3)

Listening. Pupils listen to the tape and write down how much pocket money each person gets and the letter of the picture that shows what they do to earn their pocket money.

Answers

| 1 €20/A 2 €20/F 3 €10/H 4 €50/D 5 €80/G 6 €10/C |
| 7 €60/E 8 €50/B |

Tapescript

1 – Tu as combien d'argent de poche?
– J'ai €20 par semaine.
– Que fais-tu pour gagner de l'argent?
– Je fais du babysitting.

2 – Tu as combien d'argent de poche?
– J'ai €20 par semaine.
– Et que fais-tu pour gagner de l'argent?
– Je ne fais rien.

3 – Tu as combien d'argent de poche?
– J'ai €10 par semaine.
– Et que fais-tu pour gagner de l'argent?
– Je fais la vaisselle.

4 – Tu as combien d'argent de poche?
– J'ai €50 par semaine.
– Que fais-tu pour gagner de l'argent?
– Je lave des voitures.

5 – Tu as combien d'argent de poche?
– J'ai €80 par mois.
– Et que fais-tu pour gagner de l'argent?
– J'aide mes parents.

6 – Et toi, tu as combien d'argent de poche?
– J'ai €10 par semaine.
– Et que fais-tu pour gagner de l'argent?
– Je range ma chambre.

7 – Tu as combien d'argent de poche?
– J'ai €60.
– Que fais-tu pour gagner de l'argent?
– J'ai un job, je travaille dans un fast food.

8 – Tu as combien d'argent de poche?
– J'ai €50.
– Et que fais-tu pour gagner de l'argent?
– Je m'occupe de mon petit frère et de ma petite sœur.

1b À deux. Que dis-tu? (AT2/2–3)

Speaking. Working in pairs, pupils ask their partner how much pocket money they get and what they do to earn it, for example: *Tu as combien d'argent de poche? J'ai … Que fais-tu pour gagner de l'argent?*

1c Lis et réponds aux questions. (AT3/4)

Reading. Pupils read the three letters and answer questions 1–6.

Answers

| 1 Elle fait du babysitting. 2 Elle gagne €1 par l'heure. |
| 3 Il range sa chambre et fait la vaisselle. 4 S'il a de bonnes notes. 5 Il s'occupe de son petit frère. 6 On va au parc. |

2a Que font-ils avec leur argent de poche? (AT1/2)

Listening. Pupils listen to the tape and write down the letter to show what each person does with his/her pocket money.

Answers

| 1B 2D 3E 4A 5H 6F 7G 8C |

Tapescript

1 – Que fais-tu de ton argent?
– J'achète des magazines.

2 – Que fais-tu de ton argent?
– J'achète du shampooing et tout ça.

3 – Que fais-tu de ton argent?
– Je le mets de côté pour acheter un ordinateur.

4 – Que fais-tu de ton argent?
– J'achète des bonbons et des snacks.

LA MODE!

MODULE 5

5 – Que fais-tu de ton argent?
   – Je le mets de côté pour les vacances.
6 – Que fais-tu de ton argent?
   – Je veux acheter un nouveau skate.
7 – Que fais-tu de ton argent?
   – J'achète mes vêtements.
8 – Que fais-tu de ton argent?
   – J'achète des CD.

2b Interviewe ton/ta partenaire. (AT2/3)

Speaking. Pupils interview their partner about what they do with their pocket money.

2c Écris un résumé. (AT4/3–4)

Writing. Pupils write a summary about how much pocket money they get, what they do to earn it and what they do with it. Then they write how much pocket money their partner gets, what they do to earn it and what they do with it.

Cahier d'exercices, page 45

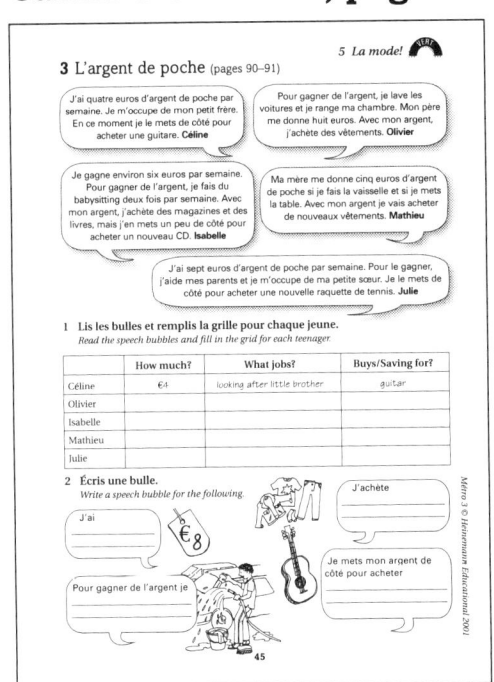

1 (AT3/3–4)

Answers

	How much?	What jobs?	Buys/Saving for?
Céline		looking after little brother	guitar
Olivier		cleans car, tidies room	clothes
Isabelle		babysitting	magazines, books new CD
Mathieu		washing up, set table	clothes
Julie		helps parents, looks after little sister	tennis racquet

2 (AT4/3)

Answers

A **B** des vêtements **C** lave des voitures **D** une guitare

Grammaire 2, page 87

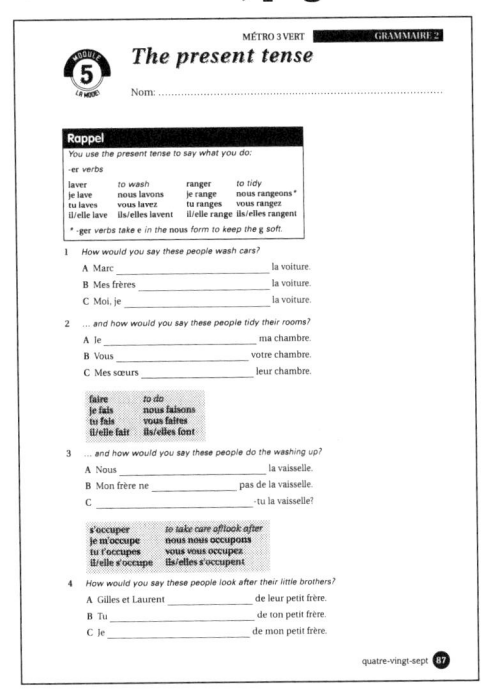

Answers

1 A lave la voiture **B** lavent la voiture **C** lave la voiture

2 A range **B** rangez **C** rangent

3 A faisons **B** fait **C** fais

4 A s'occupent **B** t'occupes **C** m'occupe

MODULE 5 LA MODE!

4 J'ai un problème
(Pupil's Book pages 92–93)

Main topics and objectives
- Talking about problems
- Saying I can't talk to someone

Other aims
- Adapting learned language
- Scanning texts

Grammar
- Expressions with *avoir*: *j'ai faim, j'ai soif, j'ai besoin de …*

Key language
J'ai besoin d'aide au collège/d'arrêter de fumer
J'ai besoin de …
faire un régime
me faire une petite copine/un petit copain
gagner de l'argent
sortir avec la bande
Je ne peux pas parler à mes parents/mon prof parce que …

Resources
Cassette C, side 1
Cahier d'exercices, page 46
Grammaire 3, page 88

1a Lis et trouve. Qui est-ce? (AT3/4)

Reading. Pupils match questions 1–6 with the texts above.

Answers

| 1 Sabine 2 Mathieu 3 Aïcha 4 Valentin 5 Denis 6 Céline |

1b Qui parle? (AT1/4)

Listening. Pupils write down who is speaking.

Answers

| 1 Valentin 2 Céline 3 Mathieu 4 Denis 5 Aïcha 6 Sabine |

Tapescript

1. Mes parents ne me permettent pas de sortir le soir. Je dois rester à la maison, faire mes devoirs et m'occuper de mon petit frère. Tous mes copains sortent et jouent au foot, mais moi, je ne peux pas, ce n'est pas juste. Mes parents sont trop stricts!
2. Je n'ai jamais rien à porter. Je dois toujours mettre les vieux habits de ma sœur et mes camarades se moquent de moi, ce n'est pas juste.
3. Les autres se moquent de moi, parce que je n'ai pas de petite copine, que je suis petit et que j'aime jouer à l'ordinateur, et aussi parce que je porte des lunettes. Ce n'est pas juste.
4. Je ne comprends pas les maths. Le prof va trop vite et je n'y comprends rien. J'ai essayé de lui parler mais il croit que je suis stupide. Qu'est-ce que je peux faire? Je ne veux rien dire aux parents parce qu'ils ne me comprennent pas non plus.
5. Je veux arrêter de fumer … je sais que ce n'est pas bon pour la santé mais je ne peux pas m'arrêter … mais quand je vois les autres et qu'ils fument … je ne peux pas … je ne sais pas comment arrêter.
6. Ce n'est pas juste, les autres mangent des bonbons et des biscuits, et ils sont minces, et moi si j'en mange je suis trop grosse … ce n'est pas juste … j'aime les chips, mais je ne peux pas en manger … et je déteste la salade.

1c Trouve la bonne réponse à chaque lettre (à la page 92). (AT3/3–4)

Reading. Pupils match the advice (1–6) to the letters on page 92.

Answers

| 1 Mathieu 2 Aïcha 3 Denis 4 Céline 5 Sabine 6 Valentin |

2a Que dis-tu? (AT2/3)

Speaking. Pupils say what each person in the speech bubbles A–F needs.

2b Écris une lettre. (AT4/4)

Writing. Pupils write an 'agony aunt' letter.

➕ Ask pupils to exchange letters with their partner and write a suitable answer as though they were an 'agony aunt'.

LA MODE!

MODULE 5

Cahier d'exercices, page 46

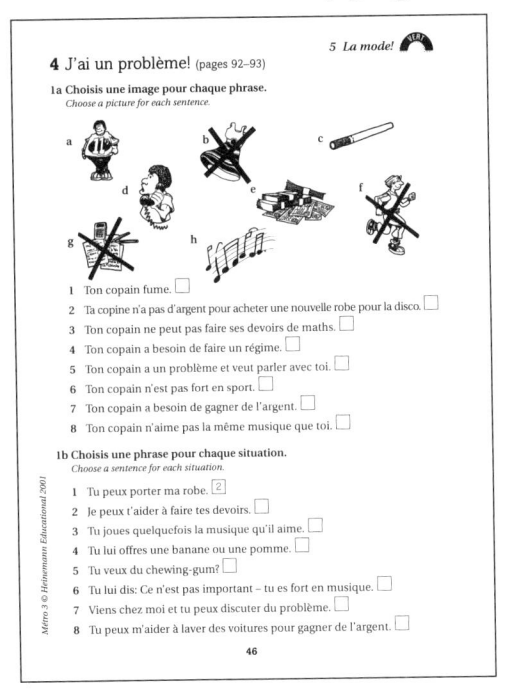

Answers

1 **A** a **B** a **C** avons **D** ont **E** ai **F** As **G** a **H** a **I** Avez **J** ont **K** chaud

2 **A** a **B** ont **C** ai **D** As **E** ont **F** a **G** avez **H** Ont **I** Avez **J** a

3 **A** ont **B** a **C** ai **D** As **E** avons **F** Avez **G** a **H** a **I** a **J** ont

1a (AT3/3)

Answers

1c 2b 3g 4a 5d 6f 7e 8h

1b (AT3/3)

Answers

12 23 38 44 51 66 75 87

Grammaire 3, page 88

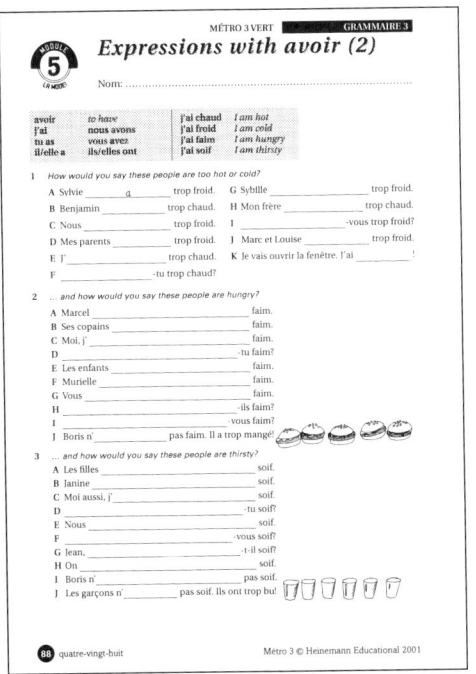

5 Il/Elle est comment?

(Pupil's Book pages 94–95)

Main topics and objectives
- Saying what I am like and what someone else is like

Other aims
- Expressing feelings and opinions

Key language
Je suis …
Il/Elle est …

Mon copain/ma copine est …
bavard(e), égoïste, farfelu(e), gentil(le), intelligent(e), marrant, paresseux(se), sérieux(se), sportif(ve), stupide, sympa, têtu(e), timide

Resources
Cassette C, side 1
Cahier d'exercices, page 47
Grammaire 4, page 89

1a Qui est-ce? C'est Éric, Rachid, Thérèse, Catherine, ou François? (AT3/3–4)

Reading. Pupils match the teenagers in pictures A–E with the people described in the texts above.

Answers
A Thérèse B François C Rachid D Éric E Catherine

1b Qui est-ce? (AT3/3)

Reading. Pupils match descriptions 1–6 with the people from the five texts.

Answers
1 Thérèse 2 Éric 3 Thérèse 4 Rachid 5 François 6 Catherine

1c C'est quel mot? Trouve les paires. (AT3/1)

Reading. Pupils match the French adjectives to their English equivalents.

Answers
bavard(e) – talkative; égoïste – self-centred; farfelu(e) – scatty; gentil(le) – nice; intelligent(e) – clever; marrant(e) – fun; paresseux(euse) – lazy; sérieux(euse) – reliable; sportif(ive) – sporty; stupide – stupid/silly; sympa – nice; têtu(e) – obstinate; timide – shy

1d Qui est-ce? (AT1/3–4)

Listening. Pupils listen to the tape and write down who is talking. The people are describing their friends and family members.

Answers
1 Mélodie 2 Nolwenn 3 Pascal 4 Coralie 5 Dominique

Tapescript
1 Il joue au football et au volley. Il est bavard et sportif, mais il n'aime pas aller au club des jeunes ou parler avec les filles.
2 Il est très sérieux. Il a les cheveux marron et de grands yeux bruns et je l'adore mais quelquefois il est têtu. Il n'aime pas aller en ville et il n'aime pas sortir avec les autres.
3 Elle est stupide, elle ne fait pas de sport. Elle est paresseuse. Elle passe des heures au téléphone avec ses copines.
4 Il a les yeux bleus et les cheveux marron. Il est très grand et gentil. On se parle de tout et je l'aime bien.
5 Elle est sportive, elle a toujours de bonnes notes, quelquefois elle est un peu têtue. Elle n'aime pas tellement aller au cinéma … elle préfère traîner en ville et je n'aime pas ça.

1e Tu es de quelle sorte de personne? Interviewe ton/ta partenaire. (AT2/3)

Speaking. Pupils interview their partner to find out what sort of person they are, for example: *Es-tu bavard(e)? Oui, je suis bavard(e). Non, je ne suis pas bavard(e).*

2a Choisis cinq personnes et décris-les. (AT4/3)

Writing. Pupils choose five people and write down what they are like, for example: *Mon copain est intelligent.* Pupils then write down what sort of person they think they are, for example: *Je suis timide.*

2b Ils sont comment? (AT4/3)

Writing. Pupils look at the three photos and write down what the people are like, for example: *David Beckham est sportif.*

➕ Ask pupils to work in pairs and compare their answers.

LA MODE!

MODULE 5

Cahier d'exercices, page 47

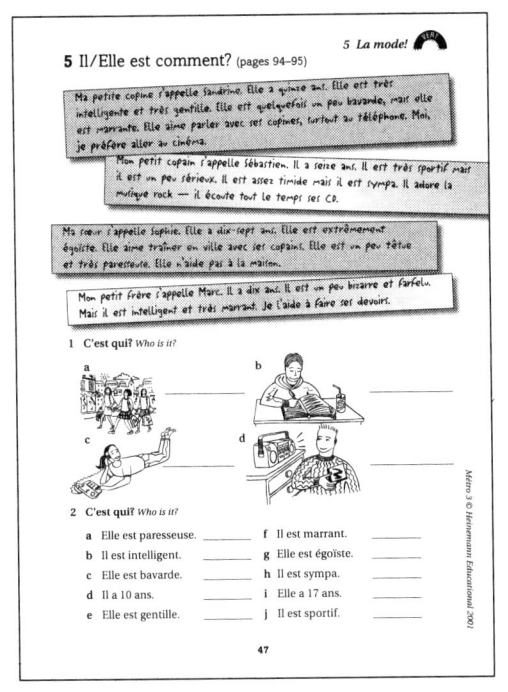

1 (AT3/3)

Answers

a Sophie b Marc c Sandrine d Sébastien

2 (AT3/3)

Answers

a Sophie b Marc c Sandrine d Marc e Sandrine f Marc
g Sophie h Sébastien i Sophie j Sébastien

Grammaire 4, page 89

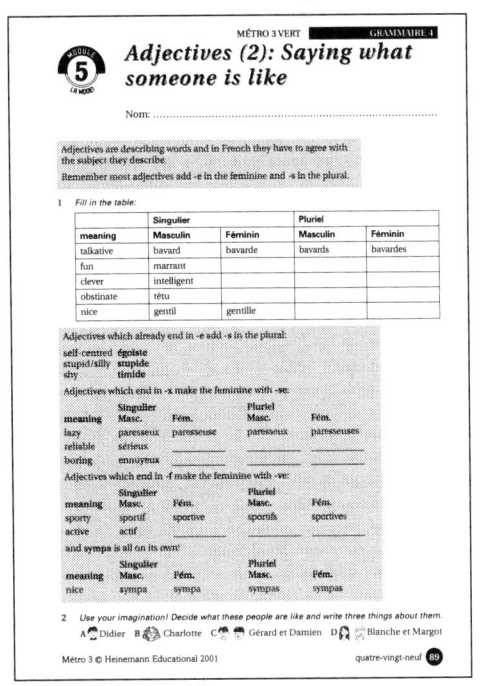

Answers

1 bavard, bavarde, bavards, bavardes
marrant, marrante, marrants, marrantes
intelligent, intelligente, intelligents, intelligentes
têtu, têtue, têtus, têtues
gentil, gentille, gentils, gentilles

sérieux, sérieuse, sérieux, sérieuses
ennuyeux, ennuyeuse, ennuyeux, ennuyeuses
actif, active, actifs, actives

MODULE 5 — Bilan et Contrôle révision

(Pupil's Book page 96–97)

Bilan

This is a checklist of language covered in Module 5. There is a **Bilan** sheet for Module 5 in the **Resource and Assessment file** (page 93). Partners can test each other and tick off and initial the first row of boxes. The second row of boxes is for the teacher to initial and the space below is for comments.

Contrôle révision

A revision test for the test itself at the end of the module.

Resources

Cassette C, side 1
Cahier d'exercices, pages 48–49

---

1 Qu'est-ce qu'ils achètent? Quelle couleur? Quelle taille? Quel prix? (AT1/3)

Listening. Pupils listen to the tape and write down what each person buys, including the colour, the size and the price.

Answers

1 tee-shirt bleu/moyen/€18 2 pantalon rouge/petit/€30
3 sweat noir/grand/€26 4 chemise rose/moyen/€23
5 pull noir/grand/€27

Tapescript

1 – Je voudrais ce tee-shirt bleu.
– Vous faites quelle taille?
– Oui, moyen. Il coûte combien?
– €18.
– Bon, je le prends.

2 – Je prends ce pantalon en rouge.
– Vous faites quelle taille?
– Petit. Il coûte combien?
– €30.
– Bon, je le prends.

3 – Avez-vous ce sweat en noir?
– Oui, le voilà. Il coûte combien?
– €26.
– Vous faites quelle taille?
– Grand.

4 – Je cherche une chemise.
– Oui, vous faites quelle taille?
– Moyen.
– Alors, j'ai une chemise blanche et une chemise rose.
– Elles coûtent combien?
– €23.
– Bon, je prend la chemise rose.

5 – Je cherche un pull noir.
– Vous faites quelle taille?
– Grand.
– Ce pull noir coûte €27.
– Bon, je le prends.

2 Lis et trouve le bon dessin. (AT3/3)

Reading. Pupils match 1–6 with pictures A–F.

Answers

1F 2A 3C 4D 5E 6B

3 Interviewe deux personnes. Pose les questions et note les réponses. (AT2/3)

Speaking. Pupils interview two people and write down their answers: *Que fais-tu pour gagner de l'argent de poche? Tu as combien d'argent de poche par semaine? Que fais-tu de ton argent de poche?*

4 Écris un résumé. (AT4/3)

Writing. Pupils write a summary about themselves and someone else: *Moi, j'ai ... Je fais ... J'achète ... Je mets mon argent ...*
(John) a .../fait .../achète .../met son argent ...

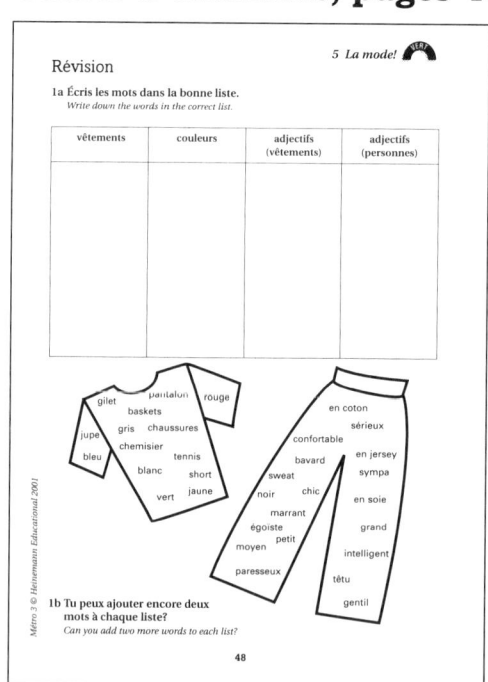

Cahier d'exercices, pages 48–49

LA MODE!

MODULE 5

2 Réponds aux questions suivantes.
Answer the following questions.

Quelle couleur te va?
Le _____ me va et le _____ me va.

Quelles couleurs ne te vont pas?
Le _____ et _____ ne me vont pas.

Qu'est-ce que tu aimes porter le week-end?
J'aime porter _____

Qu'est-ce que tu portes au collège?
Je porte _____

Quel est ton vêtement préféré?
C'est _____

Combien d'argent de poche est-ce que tu gagnes?
Je gagne _____

Que fais-tu pour gagner de l'argent?
Je _____

Que fais-tu de ton argent?
J'achète _____

Est-ce que tu mets ton argent de côté?
Oui, je le mets de côté pour acheter _____

1a (AT4/1)

Answers

vêtements	couleurs	adjectifs (vêtements)	adjectifs (personnes)
gilet	bleu	en polycoton	sérieux
jupe	blanc	confortable	bavard
pantalon	vert	en jersey	sympa
baskets	gris	chic	marrant
chaussures	jaune	en soie	égoïste
chemisier	noir	grand	paresseux
tennis	rouge	petit	intelligent
short		moyen	têtu
sweat			gentil
polo			

1b (AT4/2)

2 (AT4/3)

Grammaire

(Pupil's Book pages 98–99)

MODULE 5 LA MODE!

This section provides more explanation and practice of the main grammatical points covered in the Module.

Resources

Cahier d'exercices, pages 50–51

1 How to say what you are wearing

Answers

A un pantalon B une robe C des baskets (f) D un short
E un tee-shirt F un maillot de bain

2 How to say what colours it is/they are

Answers

1 A un pantalon gris B une chemise blanche C un pull-over rouge D des chaussettes blanches E des chaussures noires
2 A un jean bleu B un tee-shirt jaune C un pull-over vert D des chaussettes bleues E des baskets rouges

3 How to say what colour suits you

Answers

3 A Le rouge me va. B Le vert ne me va pas. C Le noir me va. D Le blanc me va. E Le jaune ne me va pas. F Le bleu me va.

4 How to say 'this' and 'these'

Answers

Je préfère ... A ce pantalon B cette jupe C ces baskets D cette chemise E ce tee-shirt

5 How to say you need something

Answers

1 J'ai besoin ... A d'un pullover B d'un stylo C d'un cahier D d'argent E d'un sac à main 2 J'ai besoin ... A de faire du jogging B d'arrêter de fumer C de manger des fruits D de boire de l'eau E de me lever

6 How to describe people

Answers

A Il est bavard. B Elle est sportive. C Il est paresseux. D Elle est intelligente. E Il est gentil./Il est sympa.

Cahier d'exercices, page 50

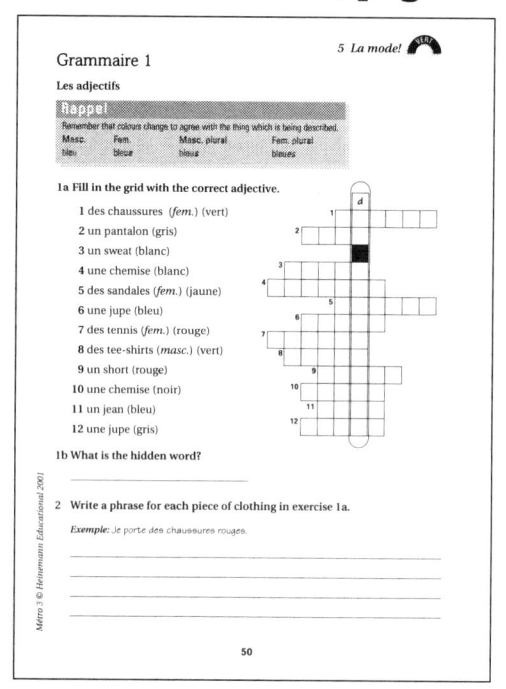

1a

Answers

1 vertes
2 gris
3 blanc
4 blanche
5 jaunes
6 bleue
7 rouges
8 verts
9 rouge
10 noire
11 bleu
12 grise

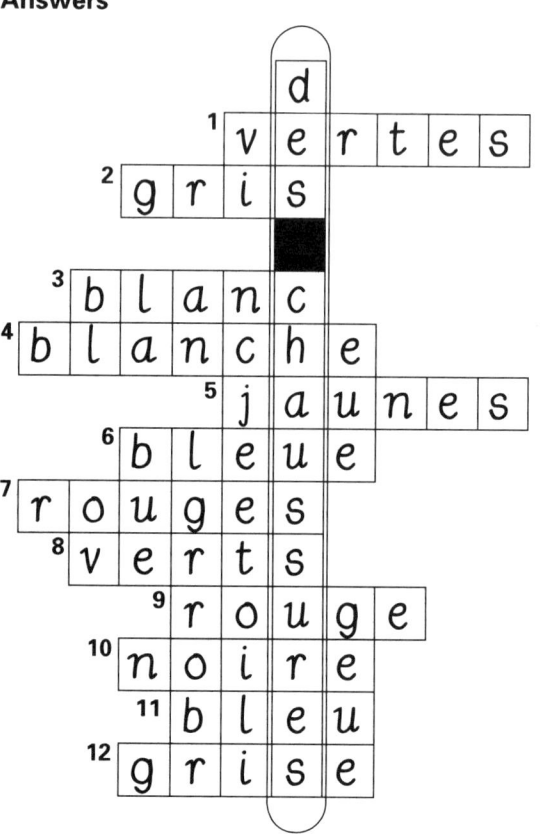

LA MODE! MODULE 5

Answers

1b des chaussures

Cahier d'exercices, page 51

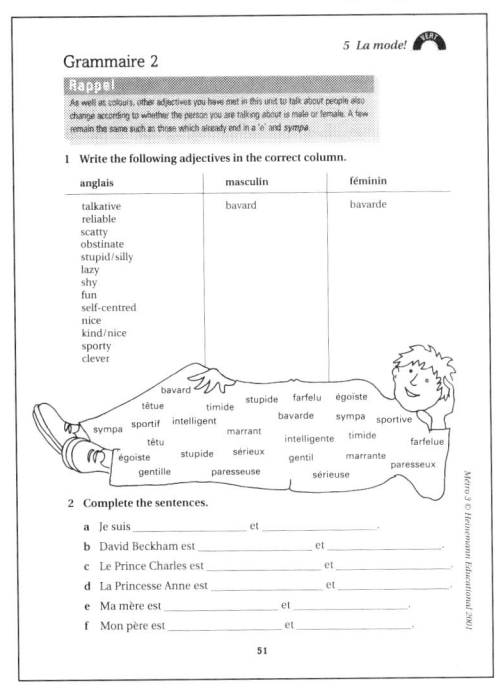

Answers

1

anglais	masculin	féminin
talkative	bavard	bavarde
reliable	sérieux	sérieuse
scatty	farfelu	farfelue
obstinate	têtu	têtue
stupid/silly	stupide	stupide
lazy	paresseux	paresseuse
shy	timide	timide
fun	marrant	marrant
self-centred	égoïste	égoïste
nice	sympa	sympa
kind	gentil	gentille
sporty	sportif	sportive
clever	intelligent	intelligente

MODULE 5 LA MODE!

En Plus Bouge ta tête

(Pupil's Book pages 100–103)

Main topics and objectives
- Giving the profile of a famous popstar
- Talking about playing a musical instrument

Other aims
- Saying what you think about a particular song

Key language
Il s'appelle …Il a …
Il est … Il aime … Il fait …Il porte …Il mange …
Il est chanteur/footballeur/acteur. Il est grand/petit
Elle est chanteuse/skieuse/actrice …Elle est grande/petite
Il/elle a les cheveux …
Il/elle porte …
Il/elle est intelligent(e)/sportif/ve etc
La musique est …
Les paroles sont …

Resources
Cassette C, side 1
Cahier d'exercices, page 52
Skills, page 90

1a Lis et réponds. (AT3/2)

Reading. Pupils read the profile of Jonny Burp at the top of page 100 and answer questions 1–12.

Answers
1 Jonny Burp 2 24ans 3 Paris 4 Lyon 5 française
6 chanteur 7 les Boos 8 rap 9 aller au cinéma, faire de la planche à voile 10 le noir 11 la pizza 12 le chat

1b Écris un article pour le journal de classe. (AT4/4)

Writing. Pupils write an article about him for the class magazine.

2a Sa copine. Écoute et note. (AT1/3–4)

Listening. Pupils listen to the tape and write down the answers. Pupils may use questions 1–12 as a guide.

Answers
Jolly Solo/21ans/en Suisse/à Paris/suisse/chanteuse/les micro-ondes/de la techno/faire des randonnées (aller à la campagne)/le bleu/les pâtes/le chat

Tapescript
– Comment tu t'appelles?
– Jolly Solo.
– Tu as quel âge?
– J'ai vingt et un ans.
– Où es-tu née?
– Je suis née en Suisse.
– Où habites-tu?
– J'habite à Paris, en France.
– Tu es de quelle nationalité?
– Suisse.
– Que fais-tu dans la vie?
– Je suis chanteuse.
– Et, quel est le nom de ton groupe?
– Les micro-ondes.
– Quelle sorte de musique joues-tu?
– De la techno.
– Qu'est-ce que tu aimes faire?
– Aller à la campagne, faire des randonnées.
– Et, quelle est ta couleur préférée?
– Le bleu.
– Quel est ton plat préféré?
– Les pâtes.
– Et, quel est ton animal préféré?
– Le chat.

2b Fais son petit portrait. (AT4/2)

Writing. Pupils use the answers from 2a to write a profile about Jolly Solo.

2c Prépare des questions et fais une interview. (AT2/4)

Speaking. Pupils match the information from the profiles with suitable questions and then carry out the two interviews with a partner.

2d Invente une personnalité et écris un article. (AT4/4)

Writing. Pupils invent someone and write a profile article about him/her.

3a Le groupe. Comment s'appellent-ils? (AT1/3)

Listening. Pupils listen to the tape and write down which person is being spoken about from the group.

Answers
1E 2F 3B 4C 5A 6D

Tapescript
1 Tomaso est grand et blond. Il porte un pantalon noir et un tee-shirt rouge. Il joue du keyboard.
2 Jacinthe a les cheveux marron. Elle est assez grande. Elle porte un pantalon noir et un tee-shirt rouge. Elle joue de la batterie.
3 Geneviève est de taille moyenne. Elle porte une robe rouge. Elle joue de la guitare.
4 Gaston est de taille moyenne. Il porte un pantalon rouge et un tee-shirt noir. Il joue de la trompette.

LA MODE! MODULE 5

5 *Ahmed est petit. Il a les cheveux noirs. Il porte un pantalon rouge, une chemise noire et une veste rouge. Il joue de la guitare.*
6 *Nathalie est grande et brune. Elle porte une robe noire. Elle joue du saxo.*

3b Présente-les. (AT4/3–4)

Speaking. Pupils take it in turns to introduce each member of the group and describe him/her.

3c Lis et réponds aux questions. (AT3/3)

Reading. Pupils read the text at the bottom of page 101 and answer questions.

Answers

1 Nathalie 2 Jacinthe 3 Geneviève 4 Jonny 5 Tomaso 6 Ahmed

3d Choisis deux personnalités et décris-les. (AT4/3–4)

Writing. Pupils choose two famous people and describe them.

3e Lis ton texte à haute voix. Ton/ta partenaire doit deviner qui c'est. (AT2/3–4)

Reading. Ask pupils to read their description to their partner and see if he/she can guess who it is.

4a Écoute et lis la chanson. (AT1/4, AT3/4)

Listening. Pupils listen to the rap by Jonny Burp.

Tapescript

Dis-moi, pourquoi je t'aime
Tu as les yeux qui rient
Mais ce n'est pas ça
Dis-moi, pourquoi je t'aime.

Dis-moi, pourquoi je t'aime
Tu as les cheveux qui brillent
Mais c'est pas ça
Dis-moi, pourquoi je t'aime.

Dis-moi, pourquoi je t'aime
Tu as la bouche qui chante
Mais c'est pas ça
Dis-moi, pourquoi je t'aime.

Dis-moi, pourquoi je t'aime
Tu es intélligente
Mais c'est pas ça
Dis-moi, pourquoi je t'aime.

Dis-moi, pourquoi je t'aime
Je t'aime parce que tu m'aimes
C'est ça
Dis-moi, que tu m'aimes
et je serai contente.

4b Lis le texte et réponds aux questions. Vrai ou faux? (AT3/4)

Reading. Pupils read what the four people think about the rap and answer the true/false questions.

Answers

1 faux 2 faux 3 vrai 4 faux 5 vrai 6 vrai 7 faux 8 faux 9 vrai 10 vrai

➕ Ask pupils to correct the answers that are false.

4c Écris une chanson. (AT4/4–5)

Writing. Pupils use the grid at the bottom of page 103 to help them have a go at writing their own song.

➕ Pupils work in small groups, choose the lyrics they like best and put it to song. Perform live in front of class or record it!

Cahier d'exercices, page 52

LA MODE! MODULE 5

Skills, page 90

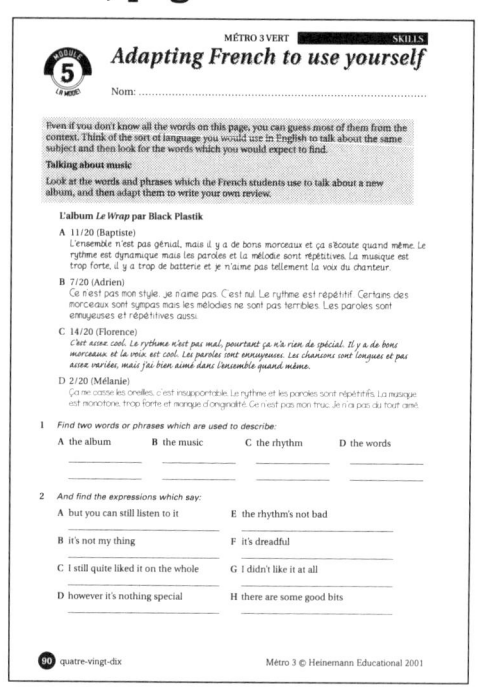

Answers

1 A l'ensemble n'est pas génial; Ce n'est pas mon style; C'est assez cool; Ça me casse les oreilles.
B trop forte; monotone; manque d'originalité
C dynamique; répétitif; pas mal; rien de spécial
D répétitives; ennuyeuses

2 A Ça s'écoute quand même. **B** Ce n'est pas mon truc. **C** J'ai bien aimé dans l'ensemble quand même. **D** Pourtant ça n'a rien de spécial. **E** Le rythme n'est pas mal. **F** C'est insupportable. **G** Je n'ai pas du tout aimé. **H** Il y a de bons morceaux.

MODULE 5 — À toi

(Pupil's Book pages 134–135)

- Self-access reading and writing at two levels.

A Reinforcement

1 Lis. Qui est-ce? (AT3/2)

Reading. Pupils match the four descriptions with the pictures.

Answers

1D 2A 3B 4C

2 À minuit ils se lèvent. Que mettent-ils? (AT4/3)

Writing. Pupils read the four descriptions and write down what each person puts on when they get up at midnight.

Answers

1 polo rose, un jean bleu, chassures bleues
2 tee-shirt rouge, un jean bleu, les baskets noires, les chaussettes blanches
3 un tee-shirt bleu, des tennis blanches, un pantalon noir
4 un polo blanc, un pantalon noir, les baskets rouges

3 Qui est-ce? (AT3/2)

Reading. Pupils match the three needs with the three pictures, A–C

Answers

1C 2A 3B

4 Tu as quels problèmes? (AT4/3)

Writing. Pupils look at the three thought bubbles and write down the problem each person has.

B Extension

1 Argent de poche. Trouve les images qui correspondent. (AT3/3)

Reading. Pupils match each description with two pictures: one showing what the people do to earn their pocket money and the other showing what the pocket money is spent on.

Answers

1 B, I 2 A, H 3 D, G 4 E, J 5 C, F

2 Que font-ils pour gagner de l'argent et que font-ils avec leur argent? (AT4/3–4)

Writing. Pupils write down what each of the four people do to earn their pocket money and what they do with it.

Answers

Pour gagner de l'argent ... Florence fait de la vaisselle. Elle met son argent de côté pour acheter un ordinateur. Damien a de bonnes notes. Il met son argent de côté pour acheter un skateboard. Delphine passe l'aspirateur. Elle achète des vêtements. Jules s'occupe de son frère. Il met l'argent de côté pour aller en vacances.

3 Qui est ...? (AT3/2)

Reading. Pupils match the information about the seven people with suitable adjectives.

Answers

1 timide 2 stupide 3 bavard 4 gentille 5 marrant
6 égoïste 7 intelligent

4 Ils sont comment? (AT4/3)

Writing. Pupils write down what Patrice and Charlotte are like.

Answers

Patrice est paresseux. Charlotte est sportive.

MODULE 6 — En plein dans l'actu

(Pupil's Book pages 106–125)

Unit	Main topics and objectives	PoS	Grammar and key language
1 À la une! (pp. 106–107)	Understanding what is happening in the news	3b interpret meaning 3d use dictionaries 4a authentic materials	Il y a … une éruption d'un volcan au Japon une manifestation de professeurs à Paris une grève de trains en France des inondations en Afrique du Sud un accident sur l'autoroute nouvelles du cinéma des millions de poissons morts à cause de la pollution nouveau virus cybernétique
2 L'interview de la semaine: la jeune danseuse, Carmen Herraro (pp. 108–109)	An interview using the *tu* form	1a interrelationship of sounds and writing 2d initiate/develop conversations	*Comment t'appelles-tu?* *Quel âge as-tu?* *Quelle est la date de ton anniversaire?* *Quel est ton signe astrologique?* *Tu es de quelle nationalité?* *Où habites-tu?* Using the *tu* form Using the *il/elle* form
3 Un documentaire (pp. 110–111)	An interview using the vous form	2c ask and answer questions 5d respond to spoken/written language	*Comment vous appelez-vous?* *Que faites-vous?* *Où allez-vous?* Question words: *Combien?* *Comment? Où? Que …?* *Qu'est-ce que …?* *Quel/quelle …? Qui?* *Avez-vous …?* Question words
4 Un sondage (pp. 112–113)	Reading and understanding a survey	2a listen for gist and detail 5b spontaneous speech 5c express feelings and opinions	*Il y a une personne qui …* *Il n'y a personne qui …* *Il y a plus de personnes qui préfèrent …* *Il y a moins de personnes qui préfèrent …* Using *ils/elles* part of verb
5 La météo (pp. 114–115)	Saying what the weather is like Saying what the weather is going to be like	1b apply grammar 1c use of a range of vocab/structures 3d use dictionaries	*Il y a du brouillard/du soleil/du vent/des orages/des nuages* *Il pleut/neige/gèle* *Il fait chaud/froid/beau/gris* *Dans le (nord/sud) …* *En montagne …* *Il va faire beau* *Il va y avoir du soleil/du brouillard/de la pluie/de la neige/des orages/des nuages le vent va souffler (fort)* *Le futur proche*
Bilan et Contrôle révision (pp. 116–117)	Pupil's checklist and practice test	3a memorising	

EN PLEIN DANS L'ACTU — MODULE 6

Unit	Main topics and objectives	PoS	Grammar and key language
Grammaire (pp. 118–119)	Grammar points and exercises	**1b** apply grammar	
En plus: Un poème et une lettre (pp. 120–123)	Optional extension unit	**3a** memorising **4a** authentic materials **4d** knowledge of perspectives and experiences **5e** use a range of resources	
À toi! (pp. 136–137)	Self-access reading and writing at two levels	**3e** independence in learning	

MODULE 6 — EN PLEIN DANS L'ACTU

1 À la une!
(Pupil's Book pages 106–107)

Main topics and objectives
- Understanding what is happening in the news

Other aims
- Gist reading

Key language
Il y a…
une éruption d'un volcan au Japon
une manifestation de professeurs à Paris
une grève de trains en France
des inondations en Afrique du Sud
un accident sur l'autoroute
nouvelles du cinéma
des millions de poissons morts à cause de la pollution
nouveau virus cybernetique

Resources
Cassette C, side 2
Cahier d'exercices, page 53

1a Trouve le dessin qui correspond. (AT3/3)

Reading. Pupils match the news headlines 1–8 at the top of page 106 with the pictures A–H.

Answers

| 1H 2A 3C 4B 5D 6E 7G 8F |

1b Trouve le texte qui correspond. (AT3/4)

Reading. Pupils match 1–8 with the appropriate pictures (A–H).

Answers

| 1E 2D 3G 4B 5A 6H 7F 8C |

1c Écoute et note. C'est quelle nouvelle? (AT1/4)

Listening. Pupils listen to the tape and note down the letter of the appropriate picture (page 106) to show which news item it is.

Answers

| 1D 2H 3E 4A 5G 6C 7B 8F |

Tapescript
1 Une deuxième éruption volcanique menace les habitants d'une ville au Japon.
2 À Paris, la manifestation des professeurs a paralysé la circulation.
3 Une grève de chemin de fer a immobilisé les trains dans la région de Lyon.
4 Le Mozambique est à nouveau touché par la pluie et les inondations
5 Accident sur l'autoroute à cause du brouillard.
6 Un nouveau film pour Olivia Bonamy, star de Voyous Voyelles.
7 Des poissons ont été empoisonnés par le cyanure, dans le Danube.
8 Après le virus Love Bug, les cybercriminels hackent sur l'Internet.

2a Trouve les phrases qui correspondent. (AT3/3)

Reading. Pupils tell the story of what happened in the accident by matching the descriptions 1–6 (which are jumbled) with the six pictures (A–F).

Answers

| A3 B5 C1 D4 E6 F2 |

2b Mets les mots dans le bon ordre. Trouve le bon titre pour chaque image. (AT4/3)

Writing. Pupils unjumble the captions A–D so that they make sense with the picture of the same letter.

Answers

| A Accident sur les rails
B Manifestation des fermiers à Marseille
C Inondation dans la sud de la France
D Jeune fille blessée devant le supermarché |

Cahier d'exercices, page 53

EN PLEIN DANS L'ACTU — MODULE 6

1a (AT3/3)

Answers

1j 2g 3i 4a 5f 6e 7b 8d 9c 10a

1b (AT3/3)

Answers

1 Swimming pools – a great danger?
2 The problem of tobacco
3 Great Britain: the effect of a bomb
4 One person seriously injured in a collision
5 Forests after the storm
6 Vehicle on fire/in flames
7 Collision between a motor bike and a car
8 Unclaimed money
9 Incident at a camping site
10 Two cars in a crash

2 L'interview de la semaine: la jeune danseuse, Carmen Herraro

(Pupil's Book pages 108–109)

Main topics and objectives
- An interview using the tu form

Other aims
- Initiating and developing conversations

Grammar
- Using the *tu* form
- Using the *il/elle* form

Key language
Comment t'appelles-tu?
Quel âge as-tu?
Quelle est la date de ton anniversaire?
Quel est ton signe astrologique?
Tu es de quelle nationalité?
Où habites-tu?

Resources
Cassette C, side 2
Cahier d'exercices, page 54
Feuille de travail 1–2, pages 102–103
Grammaire 1, page 104
Skills 1, page 106

1a Lis et écoute l'interview. (AT3/4, AT1/4)

Reading. Pupils follow the interview with Carmen Herraro on page 108.

Tapescript

Comment t'appelles-tu?
Je m'appelle Carmen.
Quel âge as-tu?
J'ai seize ans.
Quelle est la date de ton anniversaire?
Le 14 juillet.
Quel est ton signe astrologique?
Cancer.
Tu es de quelle nationalité?
Je suis française mais mon père est d'origine espagnole.
Où habites-tu?
Toulouse.
Tu y habites depuis quand?
J'ai toujours habité Toulouse. J'y suis née.
As-tu des frères et sœurs?
Oui, j'ai deux petits frères.
Que fais-tu de ton temps libre?
Je fais du flamenco.
Qui est ton chanteur préféré?
Mon chanteur préféré, c'est Francis Cabrel.
Qui est ta chanteuse préférée?
Ma chanteuse préférée, c'est Céline Dion.
Quel est ton plat préféré?
J'adore les plats espagnols. Mon plat préféré, c'est la tortilla.
Qu'est-ce que tu aimes?
J'aime danser, j'aime la musique, j'aime le soleil et j'aime ma famille.
Qu'est-ce que tu n'aimes pas?
Ce que je n'aime pas c'est le sport, la guerre, le racisme et le racket.

1b Vrai ou faux? (AT3/4)

Reading. True or false?

Answers

| 1V | 2F | 3F | 4F | 5V | 6V | 7F | 8V | 9F | 10V |

➕ Ask pupils to correct the false statements

1c À deux: Vérifiez vos réponses. (AT2/2)

Speaking. Working in pairs, pupils correct their answers to 1b.

➕ Feuille de travail 2: Interview

1d Fais un rapport. (AT4/3–4)

Writing. Pupils write a description of Carmen Herraro, using as much information as possible from the interview on page 108.

EN PLEIN DANS L'ACTU

MODULE 6

2a Écoute l'interview et note les réponses. (AT1/4)

Listening. Pupils listen to the interview with Bernard and write down his answers. Pupils need to listen out for the 12 pieces of information shown on the clipboard at the bottom of page 109. **Feuille de travail 1** can be used to fill in the answers.

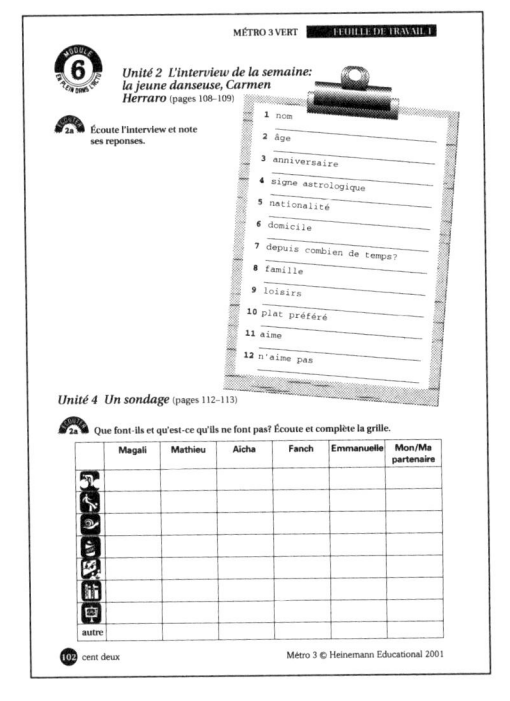

– La pizza.
– Qu'est-ce que tu aimes?
– J'aime surfer sur le web. J'ai une page sur le net et j'ai des amis partout dans le monde et j'aime le soleil et la plage.
– Qu'est-ce que tu n'aimes pas?
– Je n'aime pas la pluie ni le mauvais temps.

2b Fais un résumé. (AT4/3–4)

Writing. Pupils write a summary about Bernard.

Cahier d'exercices, page 54

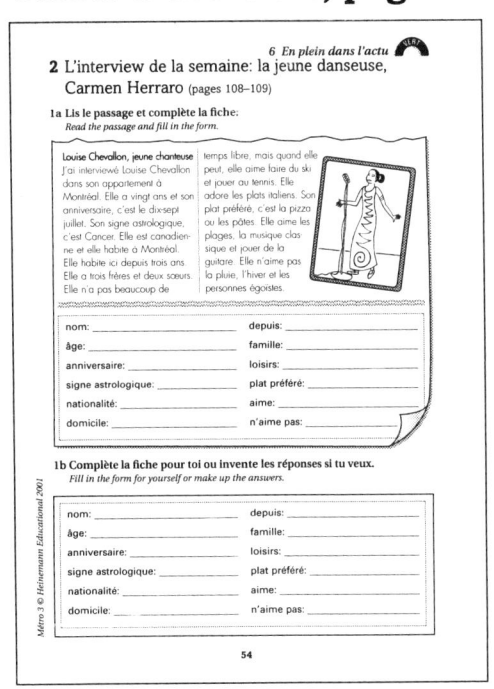

Answers

1 Bernard 2 18 3 26 octobre 4 Scorpion 5 français
6 Lyon 7 2 ans 8 non, fils unique 9 écrit des programmes pour l'ordinateur 10 la pizza 11 surfer sur le web, le soleil, la plage 12 la pluie, le mauvais temps

Tapescript

– Comment t'appelles-tu?
– Je m'appelle Bernard.
– Comment ça s'écrit?
– B E R N A R D.
– Quel âge as-tu?
– J'ai dix-huit ans.
– Quelle est la date de ton anniversaire?
– Le 26 octobre.
– Quel est ton signe astrologique?
– Le scorpion.
– Tu es de quelle nationalité?
– Je suis français.
– Où habites-tu?
– Lyon.
– Et, depuis quand y habites-tu?
– Depuis deux ans. Je suis parisien, c'est-à-dire, je suis né à Paris.
– As-tu des frères et sœurs?
– Non, je suis fils unique.
– Que fais-tu pendant ton temps libre?
– J'écris des programmes pour l'ordinateur.
– Quel est ton plat préféré?

1a (AT3/4)

Answers

nom: Louise Chevallon	depuis: 3 ans
âge: 20	famille: 3 frères, 3 sœurs
anniversaire: 17 juillet	loisirs: ski, tennis
signe astrologique: Cancer	plat préféré: la pizza/les pâtes
nationalité: canadienne	aime: plages, musique classique, la guitare
domicile: Montréal	n'aime pas: la pluie, l'hives, les personnes égoïstes

1b (AT4/2–3)

EN PLEIN DANS L'ACTU

MODULE 6

Grammaire 1, page 104

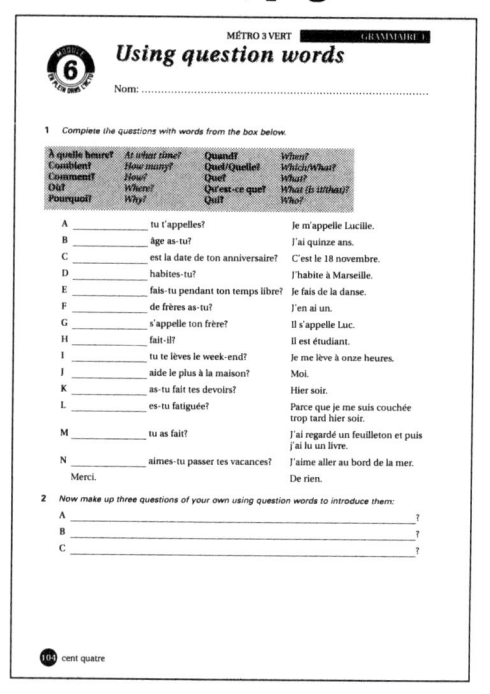

Answers

3 Comment; Quel(le); Que; Depuis combien de temps; Combien d'heures; Que portes-tu; Qu'est-ce que

Answers

1 A Comment **B** Quel **C** Quelle **D** Où **E** Que **F** Combien
G Comment **H** Que **I** À quelle heure **J** Qui **K** Quand
L Pourquoi **M** Qu'est-ce que **N** Où

Skills 1, page 106

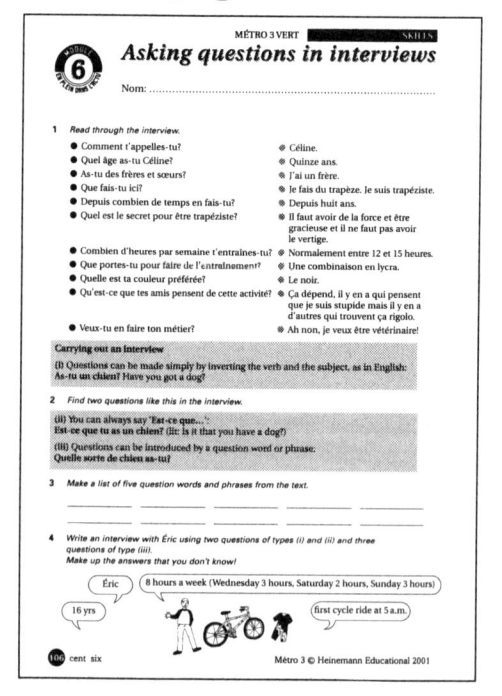

3 Un documentaire

(Pupil's Book pages 110–111)

Main topics and objectives
- An interview using the vous form

Other aims
- Asking and answering questions

Grammar
- Question words: Combien? Comment? Où? Que …? Qu'est-ce que …? Quel/quelle …? Qui? Avez-vous …?

Key language
Comment vous appelez-vous?
Que faites-vous?
Où allez-vous?

Resources
Cassette C, side 2
Cahier d'exercices, page 55
Grammaire 2, page 105

1a Lis et écoute. (AT3/4, AT1/4)

Reading. Pupils follow the interview with Frédéric Leblanc.

Tapescript
– Comment vous appelez-vous?
– Je m'appelle Frédéric Leblanc.
– Et que faites-vous comme métier?
– Je suis navigateur.
– Que faites-vous en ce moment?
– Je prépare un long voyage.
– Où allez-vous?
– Je vais faire le tour du monde.
– Avec qui allez-vous autour du monde?
– Je pars tout seul.
– Comment s'appelle le bateau ?
– Le bateau, il s'appelle 'Dauphin'.
– Comment trouvez-vous la route?
– Je navigue par satellite.
– Qui navigue quand vous dormez?
– Il y a un pilote automatique.
– Comment restez-vous en contact?
– J'ai un téléphone-fax.
– Et quel est votre équipement le plus important?
– Un ouvre-boîte.
– Et qu'est-ce que vous avez en cas de naufrage?
– J'ai un radeau de survie et une combinaison étanche.

1b Lis et réponds. Frédéric Leblanc fait un voyage. (AT3/4)

Reading. Pupils answer questions 1-10 about Frédéric Leblanc's solo trip round the world.

Answers
1 navigateur 2 un long voyage 3 faire le tour du monde
4 tout seul 5 Dauphin 6 par satellite 7 un pilote automatique 8 un téléphone-fax 9 un ouvre-boîte
10 un radeau de survie et une combinaison étanche

1c À deux. Vérifiez vos réponses. (AT2/3)

Speaking. Working in pairs, pupils correct their answers to the activity 1b, for example: *Il est navigateur. Vrai.*

2a Écoute l'interview et choisis la bonne réponse. (AT1/4)

Listening. Pupils listen to the tape and choose the correct answers for 1–5 (a or b or a and b).

Answers
1a/b 2b 3a 4b 5a 6b 7a 8b

Tapescript
– Qu'est-ce que vous mangez pendant le voyage?
– Je mange du riz, … des pâtes, … du fromage … des pommes, … des biscuits et … du chocolat.
– Et, combien d'eau buvez-vous par jour?
– Je bois deux litres d'eau par jour.
– Et, comment trouvez-vous les repas?
– Ennuyeux!
– Où dormez-vous?
– Je dors dans la cabine.
– Quand dormez-vous?
– Je dors toutes les 4 heures.
– Et, que faites-vous pour vous laver?
– Je me lave avec de l'eau de pluie.
– Quel est votre prochain port?
– Mon prochain port est Le Cap en Afrique du Sud.
– Avez-vous une radio sur le bateau?
– Oui, j'ai une radio pour écouter la météo.

2b Interviewe Henri Gauthier et Bérénice Duval. (AT2/4)

Speaking. Pupils interview Henri and Bérénice about their journeys.

2c Écris l'interview. (Vous voyer) (AT4/4)

Writing. Pupils write up the two interviews using the vous form.

EN PLEIN DANS L'ACTU

MODULE 6

Cahier d'exercices, page 55

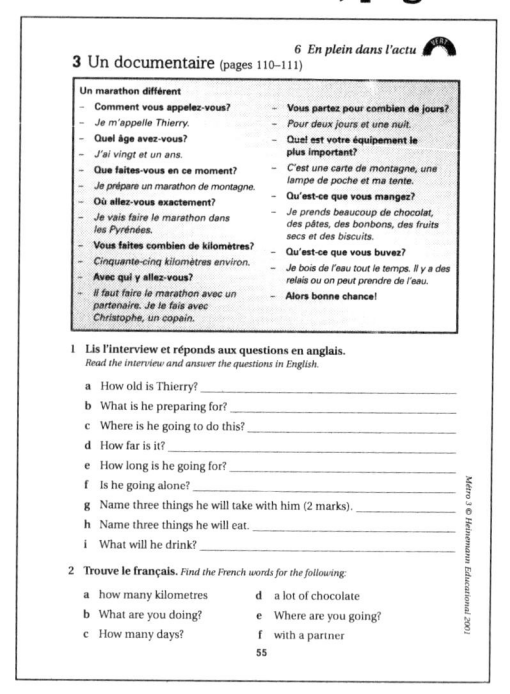

1 (AT3/4)

Answers

a 21 b mountain marathon c Pyrénées d about 55km
e two days f going with his friend Christophe
g map, torch, tent h chocolate, pasta, sweets, dried fruit, biscuits i water

2 (AT3/4)

Answers

a Combien de kilomètres? b Que faites-vous? c Vous partez pour combien de jours? d beaucoup de chocolat
e Où allez-vous? f avec un partenaire

Grammaire 2, page 105

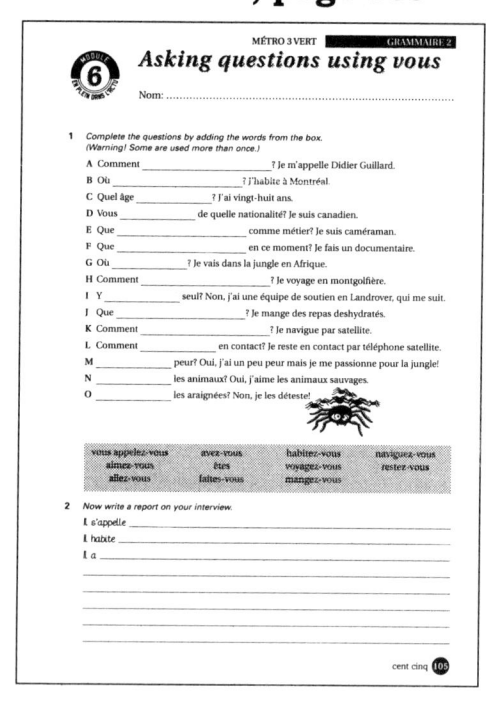

Answers

1 A vous appelez-vous B habitez-vous C avez-vous
D êtes E faites-vous F faites-vous G allez-vous
H voyagez-vous I allez-vous J mangez-vous
K naviguez-vous L restez-vous M avez-vous
N aimez-vous O aimez-vous

MODULE 6

4 Un sondage
(Pupil's Book pages 112–113)

Main topics and objectives
- Reading and understanding a survey

Other aims
- Expressing feelings and opinions

Key language
Il y a une personne qui ...
Il n'y a personne qui ...
Il y a plus de personnes qui préfèrent ...
Il y a moins de personnes qui préfèrent ...

Resources
Cassette C, side 2
Cahier d'exercices, page 56
Feuille de travail 1, page 102

1a Regarde le tableau. Vrai ou faux? (AT3/3)

Reading. Pupils look at the table and then say which sentences (1–5) are true and which are false.

Answers

1F 2V 3F 4F 5V

➕ Correct the sentences that are false.

1b Fais le résumé. (AT4/3)

Writing. Pupils write a summary for activity 1a, for example: *Douze personnes préfèrent aller au bord de la mer.*

1c Écoute et complète le tableau. (AT1/3)

Listening. Pupils listen to the tape and keep a tally to show who prefers to go where.

Answers

Au bord de la mer: 5 personnes   À la campagne: 3 personnes   En montagne: 2 personnes   En ville: 1 personne   Rester à la maison: 1 personne

➕ Ask pupils to draw a graph to show the results.

Tapescript
– *Où préfèrent-ils passer les vacances?*
– *Denis préfère aller au bord de la mer.*
– *Et Martin?*
– *Martin, à la campagne.*
– *Et Délphine?*
– *À Paris.*
– *Qu'est-ce que je mets?*
– *Euh ... en ville.*
– *Bon, Nicolas?*
– *Patrice préfère aller à la campagne.*
– *Et Thomas?*
– *Au bord de la mer, lui aussi.*
– *Aurélie?*
– *Dans les Pyrénées.*
– *Qu'est-ce que je mets? À la montagne?*
– *Oui c'est ça ... euh ... Éric préfère rester à la maison.*
– *Oui, et Patrice?*
– *Patrice aime aller en montagne.*
– *Muriel?*
– *Elle ... euh ... au bord de la mer.*
– *Et Ambre?*
– *À la campagne.*
– *Nathalie?*
– *Elle préfère aller au bord de la mer, elle aussi.*
– *Et Simon?*
– *Lui aussi, au bord de la mer.*
– *C'est tout?*
– *Oui, c'est tout!*

1d Vérifiez vos réponses: D'accord ou pas? (AT2/3)

Speaking. Pupils compare their answers with those of their partner, for example: *Cinq personnes préfèrent aller à la campagne. Vrai.*

2a Que font-ils et qu'est-ce qu'ils ne font pas? Écoute et complète la grille. (AT1/3)

Listening. Pupils listen to the tape and tick the grid. **Feuille de travail 1** (page 102) provides a suitable grid.

EN PLEIN DANS L'ACTU

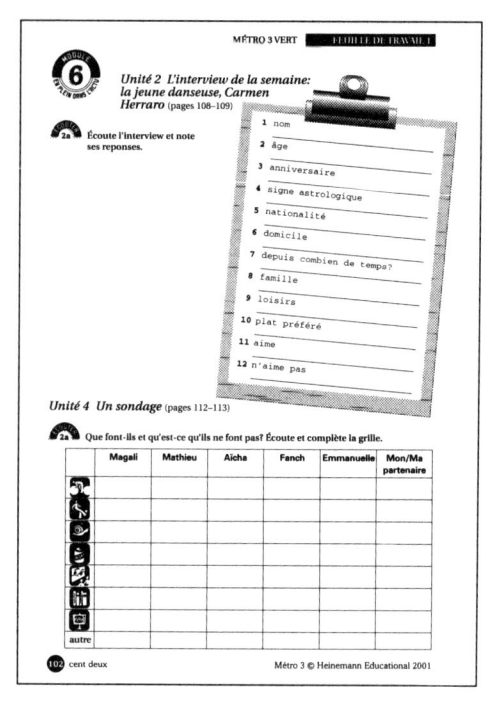

MODULE 6

Answers

	Magali	Mathieu	Aïcha	Fanch	Emmanuelle	Mon/ma partenaire
🚴		✓			✓	
⚽		✓		✓	✓	
🐌	✓					
🥤	✓		✓	✓	✓	
🎬	✓		✓			
📖		✓	✓	✓	✓	
📺	✓					
autre	regarder des vidéos	faire du cheval	écouter de la musique	jouer avec copains	sortir avec copains	

Tapescript

– Magali, fais-tu du vélo?
– Non.
– Joues-tu au foot?
– Certainement pas.
– Manges-tu des escargots?
– Euh … oui.
– Bois-tu du coca?
– Oui.
– Vas-tu au cinéma?
– Oui.
– Lis-tu des livres?
– Non.
– Regardes-tu la télé?
– Oui.
– Qu'est-ce que tu aimes faire?
– Regarder des vidéos.

– Et toi, Mathieu, fais-tu du vélo?
– Oui.
– Joues-tu au foot?
– Oui.
– Manges-tu des escargots?
– Non.
– Bois-tu du coca?
– Non.
– Vas-tu au cinéma?
– Non.
– Lis-tu des livres?
– Oui.
– Regardes-tu la télé?
– Non.
– Qu'est-ce que tu aimes faire?
– Je fais du cheval.

– Fais-tu du vélo, Aïcha?
– Non.
– Joues-tu au foot?
– Non.
– Manges-tu des escargots?
– Ah, non.
– Bois-tu du coca?
– Oui.
– Vas-tu au cinéma?
– Oui.
– Lis-tu des livres?
– Oui.
– Regardes-tu la télé?
– Non.
– Qu'est-ce que tu aimes faire?
– Écouter de la musique.

– Fanch, fais-tu du vélo?
– Non.
– Joues-tu au foot?
– Oui.
– Manges-tu des escargots?
– Ah, beurk, non.
– Bois-tu du coca?
– Oui.
– Vas-tu au cinéma?
– Non.
– Lis-tu des livres?
– Oui.
– Regardes-tu la télé?
– Non.
– Qu'est-ce que tu aimes faire?
– J'aime jouer avec mes copains.

– Et enfin, Emmanuelle, fais-tu du vélo?
– Oui, bien sûr.
– Joues-tu au foot?
– Oui.
– Manges-tu des escargots?
– Beurk.
– Bois-tu du coca?
– Oui.
– Vas-tu au cinéma?
– Non.
– Lis-tu des livres?
– Oui.
– Regardes-tu la télé?
– Ah, non.
– Qu'est-ce que tu aimes faire?
– Sortir avec mes copines.

EN PLEIN DANS L'ACTU

MODULE 6

2b Interviewe ton/ta partenaire et note les résponses dans la grille. (AT2/4)

Speaking. Pupils interview their partner and fill in the appropriate column on the grid.

2c Fais un sondage. Choisis une question. Interviewe 10 personnes et note les résultats. (AT2/2–3)

Speaking. Pupils make up their own questions and interview 10 people.

✚ Ask pupils to use a graph to show their results.

Cahier d'exercices, page 56

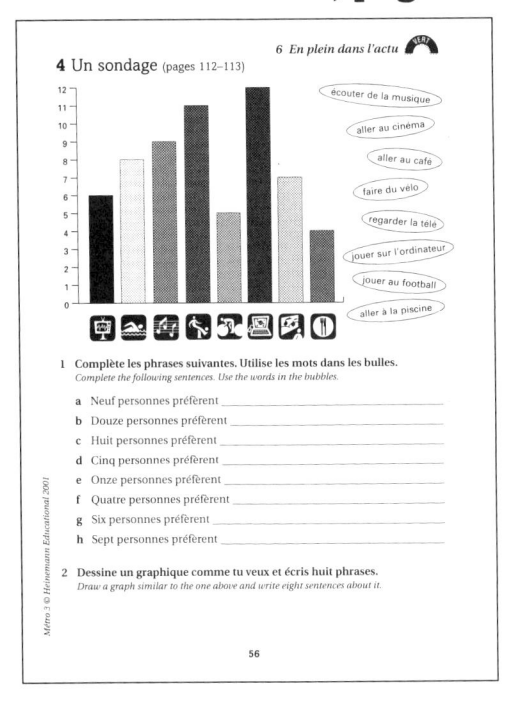

1 (AT3/2)

Answers

> **a** écouter de la musique **b** jouer sur l'ordinateur
> **c** aller à la piscine **d** faire du vélo **e** jouer au football
> **f** aller au café **g** regarder la télé **h** aller au cinéma

2 (AT4/3)

MODULE 6

5 La météo

(Pupil's Book pages 114–115)

Main topics and objectives
- Saying what the weather is like
- Saying what the weather is going to be like

Other aims
- Using a range of vocabulary/structures

Grammar
- *Le futur proche: il va faire beau*

Key language

Il y a du brouillard/du soleil/du vent/des orages/des nuages
Il pleut/neige/gèle
Il fait chaud/froid/beau/gris
Dans le (nord/sud) …
En montagne …
Il va faire beau
Il va y avoir du soleil/du brouillard/de la pluie/ de la neige/des orages/des nuages
le vent va souffler (fort)

Resources

Cassette C, side 2
Cahier d'exercices, page 57

Suggestion

Bring in weather maps cut out from newspapers for pupils to use as extension during role-play.

1a Brainstorming. Quel temps fait-il? Trouve la phrase qui correspond. (AT2/2)

Answers

> **A** Il fait beau/Il y a du soleil. **B** Il fait gris/Il y a des nuages. **C** Il pleut. **D** Il neige. **E** Il y a des orages. **F** Il y a du vent. **G** Il y a du brouillard. **H** Il fait chaud. **I** Il fait froid.

Speaking. This is a revision exercise. Pupils tell each other what type of weather each picture (A–I) shows.

1b Écoute et note. Quel temps va-t-il faire? (AT1/4)

Listening. Pupils listen to the tape and write down what the weather will be like today, tomorrow and the day after tomorrow (they can write down the appropriate letter from the top of page 114) in the north, west, south, east and in the mountains.

Answers

> Aujourd'hui: G (brouillard) F (vent) E (orages) I (froid) D (neige)
> Demain: F (vent) C (pluie) A (soleil) G (brouillard) E (orages)
> Après-demain: C (pluie) A (beau) H (chaud) C (pluie) A (beau)

Tapescript

Aujourd'hui
dans le nord il va y avoir du brouillard
dans l'ouest le vent va souffler fort
et dans le sud il va y avoir des orages
dans l'est il va faire froid
et en montagne il va y avoir de la neige.

Demain
dans le nord le vent va souffler
dans l'ouest il va y avoir de la pluie
dans le sud il va y avoir du soleil et les températures vont
être en hausse
dans l'est il va y avoir du brouillard
en montagne il va y avoir des orages

Après-demain
dans le nord il va y avoir de la pluie
dans l'ouest le beau temps va revenir
et dans le sud il va faire très chaud
dans l'est il va y avoir de la pluie
en montagne il va avoir du beau temps

1c À deux. Posez les questions et donnez les réponses à tour de rôle. (AT2/3–4)

Speaking. Working in pairs, pupils take it in turns to ask each other what the weather will be like, for example: *Quel temps va-t-il faire (aujourd'hui) (dans le nord)? Il va (y avoir du brouillard)*.

➕ Use the weather maps for further practice.

2a La météo pour demain. Copie et complète la grille. (AT3/4)

Reading. Pupils copy the grid and fill in the weather forecast for tomorrow.

Answers

région	matin	après-midi	soir
le nord	le brouillard	la pluie	le brouillard
l'ouest	la pluie	le beau temps	le brouillard
l'est	le brouillard	le soleil, beau et chaud	froid
le sud	le soleil et beau temps	le soleil et beau temps	les orages
en montagne	le soleil	la neige	froid

EN PLEIN DANS L'ACTU

MODULE 6

2b Fais la météo pour le Royaume-Uni.
(AT4/3–4)

Writing. Pupils look at the map and write a weather forecast for the UK.

➕ Pupils could record this weather forecast.

Cahier d'exercices, page 57

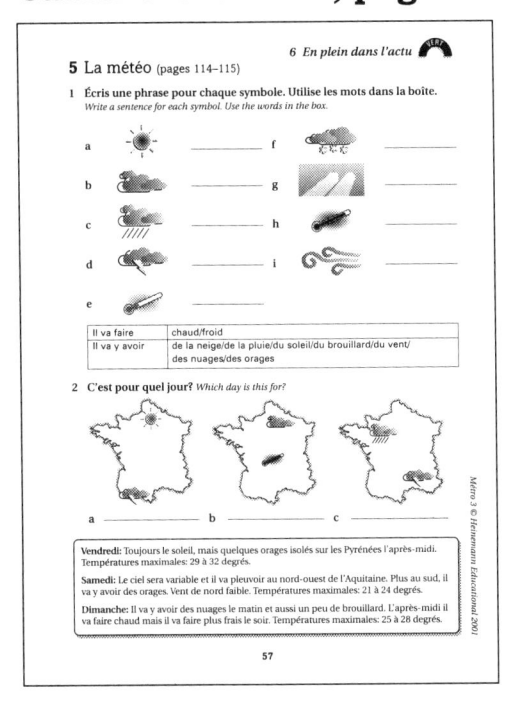

1a (AT4/2)

Answers

a Il va faire du soleil. b Il va y avoir des nuages. c Il va y avoir de la pluie. d Il va y avoir des orages. e Il va faire froid. f Il va y avoir de le neige. g Il va faire du brouillard. h Il va faire chaud. i Il va y avoir du vent.

2 (AT3/3)

Answers

a vendredi b dimanche c samedi

MODULE 6: Bilan et Contrôle révision

(Pupil's Book page 116–117)

Bilan

This is a checklist of language covered in Module 6. There is a **Bilan** sheet for Module 6 in the **Resource and Assessment file** (page 109). Partners can test each other and tick off and initial the first row of boxes. The second row of boxes is for the teacher to initial and the space below is for comments.

Contrôle révision

A revision test for the test itself at the end of the module.

Resources

Cassette C, side 2
Cahier d'exercices, pages 58–59

---

1 Petit portrait. Copie et complète. (AT1/4)

Listening. Pupils listen to the tape and write down the details to give a profile of Benoît.

Answers

Benoît/21/12 avril /Bélier/canadien/Paris, 5 ans/deux sœurs/joue au tennis/steak frites/faire du sport, aller à la plage, faire de la planche à voile, le cyclisme/ les grandes villes, la pollution

Tapescript

– Comment t'appelles-tu?
– Je m'appelle Benoît.
– Comment ça s'écrit?
– B E N O Î T.
– Quel âge as-tu?
– J'ai 21 ans.
– Quelle est la date de ton anniversaire?
– Le 12 avril.
– Quel est ton signe astrologique?
– Je suis Bélier.
– Tu es de quelle nationalité?
– Je suis canadien.
– Où habites-tu?
– À Paris.
– Et, depuis quand y habites-tu?
– Depuis cinq ans. Je suis canadien. Je suis né au Québec, au Canada.
– As-tu des frères et sœurs?
– Oui, j'ai deux sœurs.
– Et, que fais-tu de ton temps libre?
– Je lis, je fais du sport, je joue au tennis.
– Quel est ton plat préféré?
– Le steak-frites.
– Qu'est-ce que tu aimes?
– J'aime faire du sport, aller à la plage, j'aime faire de la planche à voile, et j'aime aussi le cyclisme.
– Qu'est-ce que tu n'aimes pas?
– Je n'aime pas les grandes villes et la pollution.
– Merci.
– Merci à vous.

2 Lis et réponds aux questions. (AT3/4)

Reading. Pupils read the text about Bernard Piaget and answer questions 1–5.

Answers

1 le désert de Sahara **2** 14 juillet **3** 4 jours **4** il va faire des photos aériennes du désert et étudier le temps **5** son équipe

3 Interviewe ton/ta partenaire. (AT2/4)

Speaking. Pupils interview their partner, using the questions and cues given.

4 Écris la météo pour demain. (AT4/3–4)

Writing. Pupils look at the weather map for France and write the weather forecast for tomorrow.

Cahier d'exercices, pages 58–59

EN PLEIN DANS L'ACTU

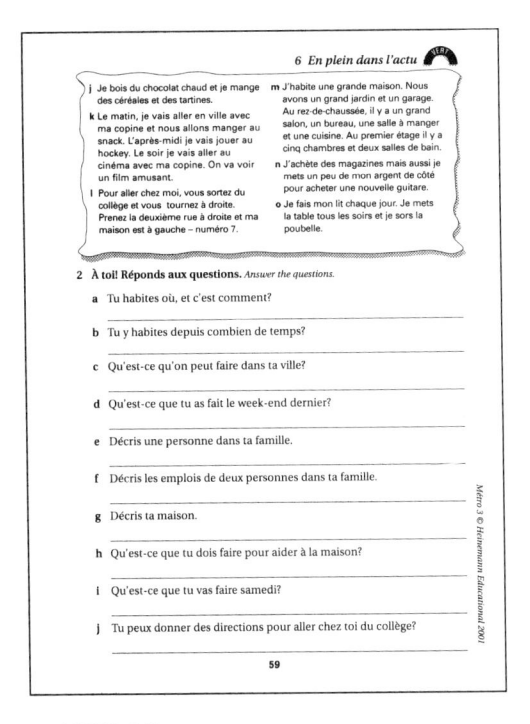

MODULE 6

1 (AT3/4)

Answers

1i 2f 3b 4c 5o 6k 7g 8j 9h 10a 11n 12e 13d 14m 15l

2 (AT4/3–4)

MODULE 6

Grammaire

(Pupil's Book pages 118–119)

This section provides more explanation and practice of the main grammatical points covered in the Module.

Resources

Cahier d'exercices, pages 60–61

1 Talking about other people and recounting events

Answers

A Jean-Luc a 24 ans. Il est français. Il habite à Marseille. Il aime faire du vélo. B Marie-Thérèse a 22 ans. Elle est canadienne. Elle habite à Montréal. Elle aime jouer de la guitare.

2 Asking questions using question words

Answers

1 Comment 2 Quel 3 Quelle 4 Quand 5 As 6 Que 7 Qui 8 Quel 9 Quelle 10 Où 11 Quelle 12 Quel 13 Qu'est-ce que 14 Qu'est-ce que

3 Reporting back about more that one person

Answers

A Elles jouent de la guitare B Ils jouent au football C Ils font du vélo. D Elles boivent E Ils regardent la télé.

4 Saying what the weather is going to be like

Answers

A Il va faire du brouillard. B Il va avoir des nuages C Il va faire chaud. D Il va y avoir de la neige. E Il va avoir du vent/le vent va souffler. F Il va faire beau.

Cahier d'exercices, page 60

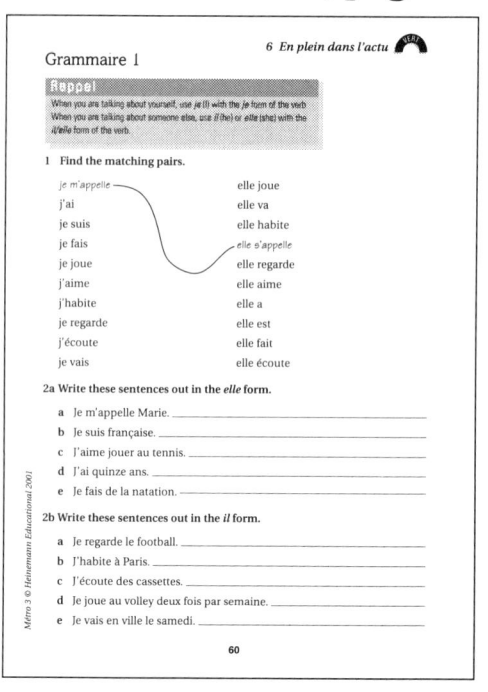

Answers

1 je m'appelle/elle s'appelle; j'ai/elle a; je suis/elle est; je fais/elle fait; je joue/elle joue; j'aime/elle aime; j'habite/elle habite; je regarde/elle regarde; j'écoute/elle écoute; je vais/elle va

2a a Elle s'appelle Marie. b Elle est française. c Elle aime jouer au tennis. d Elle a quinze ans. e Elle fait de la natation.

2b a Il regarde le football. b Il habite à Paris. c Il écoute des cassettes. d Il joue au volley deux fois par semaine. e Il va en ville le samedi.

Cahier d'exercices, page 61

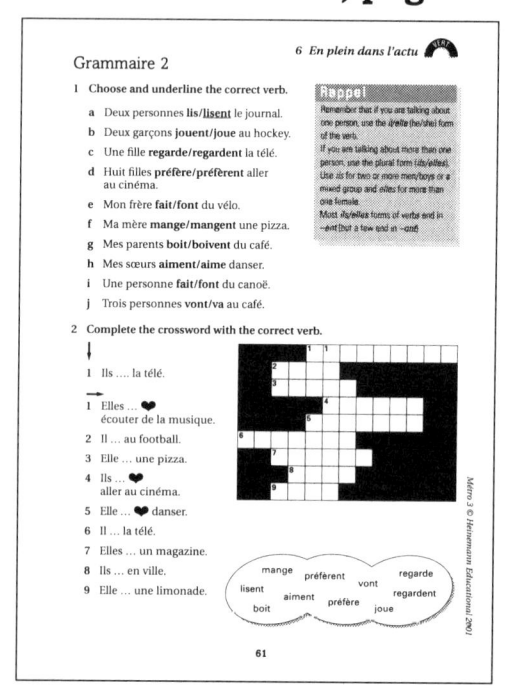

1

Answers

a lisent b jouent c regarde d préfèrent e fait f mange g boivent h aiment i fait j vont

EN PLEIN DANS L'ACTU

MODULE 6

2

Answers

		¹p	¹r	é	f	è	r	e	n	t
	²j	o	u	e						
	³m	a	n	g	e					
			⁴a	i	m	e	n	t		
		⁵p	r	e	f	e	r	e		
⁶r	e	g	a	r	d	e				
	⁷l	i	s	e	n	t				
		⁸v	o	n	t					
	⁹b	o	i	t						

MODULE 6

En Plus Un Poème et une lettre

(Pupil's Book pages 120–123)

Main topics and objectives
- Looking at a poem and a letter

Other aims
- Looking up words you don't know

Key language
À quoi sert-il? perdu, embouteiller, pétarader, se faufiler, le béton, grimper, se dépêcher, à la cime, le réveil, la une, se chauffer, les vagues, durer

Resources
Cassette C, side 2
Cahier d'exercices, page 62–63

1a Lis et écoute. (AT3/4–5, AT1/4–5)

Listening. Pupils follow the poem, L'arbre, on page 120.

Tapescript

L'arbre

Perdu au milieu de la ville,
L'arbre tout seul, à quoi sert-il?

Les parkings, c'est pour stationner,
Les camions pour embouteiller,
Les motos pour pétarader,
Les vélos pour se faufiler.

L'arbre tout seul, à quoi sert-il?

Les télés, c'est pour regarder,
Les transistors pour écouter,
Les murs pour la publicité,
Les magasins pour acheter.

L'arbre tout seul, à quoi sert-il?

Les maisons, c'est pour habiter,
Le béton pour embétonner,
Les néons pour illuminer,
Les feux rouges pour traverser.
L'arbre tout seul, à quoi sert-il?

Les ascenseurs, c'est pour grimper,
Les présidents pour présider,
Les montres pour se dépêcher,
Les mercredis pour s'amuser.
L'arbre tout seul, à quoi sert-il?
Il suffit de le demander.
À l'oiseau qui chante à la cime.

1b Lis le poème à haute voix. Choisis un vers à apprendre par cœur. (AT3/4–5)

Speaking. Pupils read the poem out loud and then choose a verse to learn by heart.

2 Écris un poème alphabet. Copie et complète le poème avec les mots ci-dessous. (AT4/3)

Writing. Pupils write an alphabetical poem. Pupils copy and complete the poem using the words underneath each verse.

Answers

Verse 1: ranger, ouvrir, donner, se laver, apprendre
Verse 2: manger, acheter, habiter, porter, pagayer
Verse 3: voir, écouter, fêter, regarder, attraper
Verse 4: agiter, réveiller, s'amuser, mettre, lire
Verse 5: souffler, surfer, jouer, naviguer, zigzaguer

➕ Ask pupils to think up a suitable ending.

3a Lis et écoute. (AT3/4–5, AT1/4–5)

Pupils follow the letter on page 122.

Tapescript

Je m'appelle Denis. J'ai quatorze ans et j'habite à la Réunion. C'est une île dans l'océan Indien. La capitale s'appelle Saint-Denis.

Je suis réunionnais. Je suis né à la Réunion, mais mon grand-père est d'origine française. À la maison je parle créole, mais au collège on parle français.

J'habite en centre-ville. Nous avons un grand jardin, avec une piscine pour se baigner et un barbecue pour faire des grillades.

Les endormis (c'est le nom réunionnais pour les caméléons) viennent souvent se chauffer sur notre véranda.

Je suis sportif et je fais beaucoup de natation, de roller et de skate.

Mon oncle a un bateau et le dimanche on va à la pêche, mais en été il faut faire attention et écouter la météo parce que c'est la saison des cyclones.

Quand il y a un cyclone on rentre à la maison, on ferme les portes et les fenêtres. Il y a un orage, il pleut très fort, le vent souffle fort, la mer fait de grosses vagues et il n'y a pas de collège! Ça peut durer plusieurs jours. Après le cyclone il y a des feuilles et des arbres tombés partout.

Cette année ma classe a replanté cinquante arbres.

3b Lis et réponds. (AT3/5)

Reading. Pupils read the letter on page 122 and answer questions 1–12.

EN PLEIN DANS L'ACTU

MODULE 6

Cahier d'exercices, page 62–63

Answers

1 la Réunion 2 dans l'océan Indien 3 14 4 réunionnais 5 française 6 en centre-ville 7 une piscine, un barbecue 8 les caméléons 9 il aime faire de natation, de roller et de skate 10 il va à la pêche 11 il rentre à la maison (on ferme les portes et les fenêtres) 12 il n'y a pas de collège

4a La météo. Copie et complète la grille. (AT1/5)

Listening. Pupils listen to the weather forecast and fill in the grid.

Answers

	nord et ouest	sud et est
matin	pluie	nuages
après-midi	cyclone	pluie
soir	vent, pluie	cyclone
nuit	calme	cyclone

Tapescript

Ce matin il va y avoir de la pluie sur le nord et l'ouest de l'île. Des nuages vont arriver dans le sud et l'est.

L'après-midi: Dans le nord et l'ouest le cyclone va arriver. Le vent va souffler plus fort, accompagné par des pluies torrentielles. Dans le sud et l'est il va commencer à pleuvoir.

Le soir: Le cyclone va se déplacer vers le sud et l'est. Dans le nord et l'ouest, le vent va souffler très fort et la mer va rester agitée. Les pluies vont continuer. Attention aux arbres cassés. Dans le sud et l'est, le cyclone va arriver. Les vents vont atteindre 100km/h et la pluie va être très forte.

La nuit: Le cyclone va rester dans le sud et l'est avec des vents toujours très forts et de la pluie. Dans le nord et l'ouest il va y avoir une nuit plus calme.

4b Faites des recherches. Visitez www.runisland.com.

Reading. Pupils can find out more information.

4c Prépare un site web pour ton île imaginaire. (AT4/3–4)

Writing. Ask pupils to make up a website for an imaginary island.

Module 6 — À toi

(Pupil's Book pages 136–137)

- Self-access reading and writing at two levels.

A Reinforcement

1 Lis l'interview et réponds aux questions. (AT3/4)

Reading. Pupils read the interview and answer questions 1–10.

Answers

1 Carlo 2 16 ans 3 Scorpion 4 italien 5 Paris 6 10 ans
7 3 frères et 1 sœur 8 il joue de la guitare, il chante
9 les pâtes, les spaghettis et les pizzas
10 aime: la musique, le soleil, sa famille n'aime pas: la pluie, la pollution

2 Écris un article sur Véréna Muller. Copie et complète le texte avec les mots donnés. (AT4/3)

Writing. Pupils complete the article about Véréna by choosing the appropriate words from the box, to fill each gap.

Answers

a, est, habite, parle, fait, joue, mange, boit, aime, déteste

B Extension

1 Lis les réponses et trouve les questions qui correspondent. (AT3/3)

Reading. Pupils match the answers a–j with the questions 1–10.

Answers

1e 2j 3a 4h 5d 6i 7f 8g 9b 10c

2 Écris un article 'Daniel Dufour: photographe extraordinaire.' (AT4/4)

Writing. Pupils write an article about Daniel Dufour, using the information from activity 1.

3 Fais une interview avec Gérard Beaulieu, biologiste. (AT4/3–4)

Writing. Pupils use the pictures to help them to make up an interview with Gérard Beaulieu (a fictional biologist).